Derek Prime

2. Korintherbrief
Studienkommentar

3L Verlag

Impressum

© Copyright 2003 by 3L Verlag
D-61169 Friedberg
ISBN 3-935188-55-2

Umschlag: Hans Peter Theilig
Korrektur: Manfred Schwierk
Übersetzung: Eva Weyandt
Lektorat: Jürgen Waeger
Satz: an:huth werbeagentur
Druck: Ueberreuter Buchproduktion

Copyright © Derek Prime
Originally published in English under the title LET'S STUDY 2 CORINTHIANS
by the Banner of Truth Trust, Edinburgh EH12 6 EL, UK
All rights reserved
Used by permission through the arrangement of the Banner of Truth Trust

Bibelübersetzung, sofern nicht anders angezeigt:
Lutherbibel, revidierter Text 1984
©Deutsche Bibelgesellschaft, Stuttgart 1985.

Inhalt

Vorwort des Herausgebers	5
Einleitung: Korinth und die Gemeinde in Korinth	7
1. Gott im Zentrum	11
2. Gottes Absichten hinter „allerlei Trübsal"	17
3. Paulus ändert seine Pläne – eine Frage der Integrität?	27
4. Gemeindezucht und die Vergebung des Sünders	37
5. Die Briefe, die Gott schreibt	47
6. Die Herrlichkeit des Neuen Bundes	59
7. Warum wir nicht aufgeben	71
8. Unsere himmlische Wohnung	83
9. Durchhaltevermögen in der Verkündigung des Evangeliums	93
10. Den Dienst des Neuen Bundes ehren	101
11. In der Welt, aber nicht von der Welt	111
12. Um es ein für alle Mal klarzustellen	123
13. Gnade und Großzügigkeit	131
14. Gründe für den Besuch von Titus und seinen Gefährten	137
15. Prinzipien und Segen des Gebens	143
16. Paulus verteidigt seinen Dienst	151
17. Ein ehrliches Wort über Gefahren	163
18. Die Gefahren der Selbstbeweihräucherung	175
19. Die Vision von Paulus und sein Pfahl im Fleisch	183
20. Reisevorbereitungen für den dritten Besuch	193
Leitfaden für das Gruppenstudium	205

Vorwort des Herausgebers

Der Studienkommentar *2. Korintherbrief* ist Teil einer Kommentarreihe, die helfen soll, die Botschaft der Bibel zu verstehen und anzuwenden. Die Kommentarreihe ist darauf ausgerichtet, einer besonderen und wichtigen Nachfrage in der Gemeinde zu begegnen. Obwohl es sich nicht um Fachkommentare handelt, kommentiert jeder Band den Text des jeweiligen biblischen Buches. Und obwohl es sich bei diesen Kommentaren ebenso wenig nur um eine reine Auflistung praktischer Anwendungen handelt, sind sie bemüht zu zeigen, inwiefern die Lehre der Schrift heute noch Einfluss auf unser Leben hat und imstande ist, Veränderungen in Gang zu setzen. Ihr Ziel ist die Erklärung der Botschaft der Bibel und die Anwendung dessen, was sie lehrt.

Wie die anderen Bände dieser Kommentarreihe versucht auch *2. Korintherbrief*, Erklärungen und Anwendung zu kombinieren. Ziel ist, Christen zu ermutigen, die Botschaft der Bibel zu verstehen und sie im eigenen Leben in die Tat umzusetzen. Zielgruppe sind nicht Menschen, die sich für wissenschaftliche Detailfragen interessieren, die einen Gelehrten faszinieren, dennoch basieren die Ausführungen auf sorgfältiger und detaillierter theologischer Arbeit. Angestrebt wurde eine Auslegung der Heiligen Schrift in der Sprache eines Freundes, der mit geöffneter Bibel neben uns Platz genommen hat.

Der Studienkommentar *2. Korintherbrief* ist so konzipiert, dass er vielfältig genutzt werden kann. Er kann einfach als Hilfe zum persönlichen Bibelstudium gebraucht werden. Dazu finden Sie am Schluss eines jeden Kapitels Fragen zur Vertiefung und Anwendung des Gelesenen. Es kann eine Hilfe beim persönlichen Bibelstudium sein, Antworten schriftlich festzuhalten. Andere mögen ihn als Andachtsbuch mit dem Ehepartner als hilfreich empfinden oder ihn mit der ganzen Familie lesen.

Um diese Studien noch vielseitiger nutzen zu können, nicht nur für das persönliche Studium, sondern auch für die Gruppenarbeit in der Gemeinde, in Hauskreisen und Seminaren, finden Sie auf den Seiten 205-207 Hilfen zum Gruppenstudium. Häufig verlassen wir Gruppendiskussionen eher enttäuscht als ermutigt. Der Grund dafür liegt darin, dass wir ermutigt wurden, über eine Bibelstelle zu sprechen, die wir noch gar nicht gut verstanden haben. Das richtige Verständnis muss immer die Grundlage für eine bereichernde Diskussion und für wohl überlegte, praktische Anwendung sein. Zusätzlich zur Auslegung des 2. Korintherbriefes liefert deshalb das Studienmaterial Fragen, die zum persönlichen Nachdenken und Studium ermutigen sollen oder als Starthilfe für Diskussionen gebraucht werden können. In dreizehn Abschnitten gibt der Diskussionsleitfaden Anregungen für die Diskussion in der Gruppe und bietet außerdem Anhaltspunkte für die Leitung und die Teilnahme an Gruppengesprächen.

Die dem Studienkommentar zugrunde gelegte Übersetzung ist die revidierte *Lutherübersetzung* von 1984.

Einleitung: Korinth und die Gemeinde in Korinth

Korinth war die viertgrößte Stadt des römischen Weltreichs nach Rom, Alexandria und Antiochia. Ihr Territorium erstreckte sich über 777 Quadratkilometer. Die ursprüngliche Stadt gehörte zu den griechischen Stadtstaaten und wurde im Jahre 146 v. Chr. während eines Aufstandes gegen das römische Imperium zerstört. Die Römer plünderten die griechischen Kunstwerke. Während der Regierungszeit von Julius Cäsar (etwa 46 v. Chr.) wurde sie wieder aufgebaut und mit befreiten Sklaven aus Italien neu besiedelt. Schon bald hatte Korinth seine Position als bedeutende Handelsstadt wiedererlangt. Sie wurde zur Rivalin Athens und übte vermutlich den größten Einfluss in Griechenland aus.

Als Hauptstadt der römischen Provinz Achaja und Handelsbrücke zwischen Ost und West war Korinth ein geschäftiges Handelszentrum, in dem Griechen, Westeuropäer, Syrer, Asiaten, Ägypter und Juden ihre täglichen Geschäfte abwickelten. Die Einwohner bauten Schiffe und fertigten Gegenstände aus Bronze und Ton. Durch die Industrie der Stadt und ihre Stellung als Handelsmacht war Korinth vielen Einflüssen von außen ausgesetzt. Aufgrund ihrer geografischen Lage an der schmalen Landenge von Achaja verfügte Korinth über zwei Häfen – einen zur Ägäis und einen zur Adria. Die Waren wurden auf Ochsenkarren von einem zum anderen Hafen transportiert. An einer derart wichtigen Wegkreuzung der antiken Welt gelegen, wurde Korinth berüchtigt für sexuelle Laster und Unmoral. Ein Autor der Antike ging sogar so weit, den Ausdruck „korinthisch leben" zu prägen als Umschreibung für Unzucht und Hurerei. Religiöse Praktiken im Zusammenhang mit Fruchtbarkeitsriten begünstigten sexuelle Perversionen. Nach gut begründeter Überlieferung (siehe zum Beispiel Röm 16,23 und 1.Kor 1,14) verbrachte Paulus den Winter 56–57 in Korinth als Gast des Gaius. Dort schrieb er seinen Brief an die Römer. Die Beschreibung der Sünde der Heiden in Römer 1,18–32 trifft genau auf Korinth zu.

Gelegen an der Route von Rom zum Osten war Korinth aufgrund seiner wichtigen geografischen Lage eine ideale Basis für die Ausbreitung des Evangeliums, da Kaufleute und Reisende aus vielen Städten der Welt dort hindurchkamen.

Die Entstehung der Gemeinde in Korinth

Anfang der fünfziger Jahre verkündigte Paulus auf seiner zweiten Missionsreise (Apg 18,1-8) das Evangelium in Korinth. Eine Inschrift aus Delphi gibt Anhaltspunkte für die Datierung des Besuchs. Ihr ist zu entnehmen, dass Gallio im Jahre 51 oder 52 n. Chr. als Prokonsul nach Korinth kam (Apg 18,12-17). Sowohl sein Richterstuhl als auch der Fleischmarkt konnten ausgegraben werden (1.Kor 10,25). Als der Widerstand dort immer stärker wurde, sprach der Herr Jesus in einer Vision zu Paulus und versicherte ihm, dass er ein „großes Volk" in der Stadt habe (Apg 18,10). Dadurch ermutigt blieb Paulus weitere achtzehn Monate und „lehrte unter ihnen das Wort Gottes" (Apg 18,11). Während dieser langen Zeit entstand eine enge Verbindung zu den Korinthern. Gott gebrauchte den Dienst des Paulus, um eine Gemeinde in Korinth entstehen zu lassen, die sich aus Juden und Heiden zusammensetzte. Während seines Aufenthalts dort schrieb Paulus die Briefe an die Galater und die Thessalonicher. Von Korinth aus reisten Paulus und seine Gefährten über Jerusalem zurück nach Antiochia (Apg 18,18-22).

Die Briefe des Paulus an die Korinther

In 1. Korinther 5,9 wird angedeutet, dass Paulus bereits einen früheren Brief an die Korinther geschrieben hat, der nicht mehr existiert. Bestimmte Personen, zum Beispiel Chloe, blieben mit ihm in Kontakt, und die Gemeinde sandte ihm einen Brief und bat um Anleitung in Bezug auf entstandene Probleme (zum Beispiel 1.Kor 7,1). Stephanas, Fortunatus und Achaicus haben Paulus diesen Brief vermutlich überbracht (1.Kor 16,17). Später sandte Paulus Timotheus, die Korinther zu besuchen (1.Kor 4,17;16,10.11).

Der erste Brief ist uns nicht überliefert worden. Paulus schreibt in 1. Korinther 5,9: „Ich habe euch in dem Brief geschrieben, dass ihr nichts zu schaffen haben sollt mit den Unzüchtigen." Sein zweiter Brief (uns bekannt als der erste Korintherbrief) hatte Berichte über Parteiungen (1.Kor 1,11), Unmoral und Rechtsstreitigkeiten unter den Korinthern (1.Kor 5,6) zum Anlass, die Paulus empfangen hatte. Außerdem ging er darin auf die von den Korinthern gestellten Fragen ein.

Diskutiert wird die Möglichkeit eines weiteren Briefes, der nach diesem ersten Brief geschrieben worden sein könnte – jedoch vor unserem zweiten Korintherbrief –, der bekannt geworden ist als der „strenge Brief" (siehe 2.Kor 2,3.4.9 und 7,8.12). Einige sind der Meinung, die Kapitel 10–13 des zweiten Korintherbriefes würden zu diesem Brief gehören. Für eine klare Aussage haben wir nicht genügend Beweise, aber dies hat keinen Einfluss auf unser Verständnis dessen, was Paulus schreibt.

Hervorstechende Merkmale des zweiten Korintherbriefes

- Er zeigt die durch seine Kritiker hervorgerufenen Spannungen zwischen Paulus und den Korinthern auf.

- Er ist der autobiografischste Brief des Paulus, in dem er sein Herz mehr als in jedem anderen öffnet.

- Er ist außergewöhnlich, weil er die Privilegien und die Belastung des pastoralen Dienstes erläutert.

- Er enthält einzigartige Abschnitte über das Ausharren in Schwierigkeiten, das Wesen des christlichen Dienstes, der Evangelisation und des Gebens.

- Er ist ein vernachlässigter Brief, vermutlich weil die darin enthaltenen Themen sich nicht so sauber unterteilen lassen wie in den meisten anderen Büchern und Briefen des Neuen Testaments.

1.
Gott im Zentrum

2. Korinther 1,1.2

Ziel | Entdecken, wie sehr Gott im Zentrum des Denkens von Paulus stand.

> *Paulus, ein Apostel Christi Jesu durch den Willen Gottes, und Timotheus, unser Bruder, an die Gemeinde in Korinth samt allen Heiligen in ganz Achaja: Gnade sei mit euch und Friede von Gott, unserm Vater, und dem Herrn Jesus Christus.*
>
> 1,1.2

Wenn ich beim Öffnen eines Briefes nicht die Handschrift erkenne, dann sehe ich auf der letzten Seite nach, um die Identität des Schreibers zu erfahren. Im Neuen Testament brauchen wir das nicht zu tun, da die Briefe des ersten Jahrhunderts genau wie hier mit dem Namen des Verfassers beginnen.

Grundlegende Wahrheiten

Hinter dem Gruß des Paulus zu Beginn des Briefes und seiner Einführung stehen vier wichtige Wahrheiten und Prinzipien. Sie zeigen, dass Gott im Mittelpunkt des Lebens des Paulus gestanden hat. Ihre Aussagekraft ist umso stärker, weil sie nicht direkt ausgesprochen werden. Sie dringen automatisch an die Oberfläche, ein wesentliches Merkmal von Paulus' Denken.

1. Gott entscheidet über unseren Dienst und unsere Aufgabe in der Gemeinde.

Der Brief beginnt: „Paulus, ein Apostel Christi Jesu *durch den Willen Gottes.*" Paulus war ein *Apostel*. Das Substantiv Apostel ist abgeleitet von dem Verb „senden" und bedeutet, dass eine Person von einer anderen „gesandt" worden ist. Botschafter können von den Gemeinden „gesandt" werden, aber in diesem Sinne wird es hier nicht verwandt. Eine solche „Gesandtschaft" ist nicht in dieselbe Kategorie einzuordnen wie die von Paulus und den Zwölf – die übliche Kollektivbezeichnung für die zwölf Apostel, die Jesus am Anfang seines Dienstes berief (Mk 6,7; Joh 6,70). Sie wurden erwählt, berufen und von Christus selbst ausgesandt; sie waren seine Zeugen, vor allem die Zeugen seiner Auferstehung. Sie kannten in besonderer Weise die Hilfe des Heiligen Geistes, der sie in alle Wahrheit geführt hat. Gott bestätigte die Bedeutung ihrer Arbeit durch Zeichen und Wunder. Sie haben keine Nachfolger. (Mit dem Apostelamt werden wir uns in Kapitel 17 noch ausführlicher beschäftigen, Seite 163 ff.).

Insbesondere war Paulus ein Apostel *„Christi Jesu"*. Der Herr Jesus Christus begegnete ihm auf der Straße nach Damaskus und bevollmächtigte ihn (Apg 26,16–18). Der ganze Lebenszweck des Paulus wurde fortan Gehorsam gegenüber Jesus Christus. Sein Streben war nun, ihn zu ehren und dass er durch andere geehrt wurde.

Paulus war *„ein Apostel Jesu Christi durch den Willen Gottes"*. Gott allein entscheidet über unsere Aufgabe im Leib Christi. Sein Wille ist ein souveräner Wille. Er hat die Autorität, mit seinen Geschöpfen zu handeln, wie es ihm gefällt.

Vielleicht beginnt Paulus seinen Brief mit dieser Betonung, weil einige in Korinth wegen ihrer eigenen, versteckten Motive Zweifel hinsichtlich seines Apostelamtes verbreitet hatten. Von Anfang an erinnert er sie daran, dass seine Stellung im Leib Christi – wie auch die ihrige – nicht eine Sache der eigenen Auslese ist, sondern von Gottes Wahl.

2. Die Gabe des geistlichen Lebens macht uns zu Mitgliedern in der Familie Gottes.

Vorsichtig assoziiert Paulus Timotheus mit seinem Brief an die Korinther, denn er schreibt: „Timotheus, *unser Bruder*." Immer wieder identifiziert Paulus sich mit seinen Kollegen. Obwohl er seine besondere Stellung als Apostel im Leib Christi erkennt, übersieht er nicht den ebenso wichtigen Platz anderer.

Vor allem sieht Paulus in Timotheus seinen Bruder in Christus durch die Wiedergeburt. Die Wiedergeburt bringt uns in die Familie Gottes. Das hatte Paulus auf der Straße nach Damaskus erlebt (Apg 9,1–9). Unmittelbar danach schickt der Herr Jesus Hananias, einen Christen aus Damaskus, zu Paulus, damit er sein Augenlicht zurückbekommt. Die ersten Worte des Hananias zu Paulus, der damals noch Saulus hieß, waren: „*Bruder Saul*" (Apg 9,17). Die Wiedergeburt des Timotheus ist auf den Einfluss seiner Mutter und Großmutter zurückzuführen (2.Tim 1,5) und schließlich auf den Dienst des Paulus (2.Tim 1,2). Sie haben ihm die Schriften erklärt und ihn auf den Herrn Jesus hingewiesen (2.Tim 3,15). Zwar anerkannte Timotheus Paulus als seinen geistlichen Vater, und Paulus betrachtete ihn als seinen geistlichen Sohn, doch die darüber stehende Beziehung war die eines Bruders, da dies auf alle Mitglieder der Familie Gottes zutrifft.

3. Gottes Absicht entscheidet, wie wir von der Gemeinde denken sollten.

Paulus adressiert seinen Brief an „die Gemeinde Gottes in Korinth samt allen Heiligen in ganz Achaja" (V. 1). Achaja war eine Provinz im südlichen Griechenland mit der Hauptstadt Korinth.

Das Wort „Gemeinde" hat in der Bibel zwei grundlegende Bedeutungen. Zum einen beschreibt es den ganzen Leib Christi, einschließlich seiner Glieder, die bereits im Himmel sind, als auch die, die noch auf der Erde leben. Es wird zum anderen gebraucht, die Gemeinde in ihrer örtlichen Umgebung zu beschreiben. Die Gemeinde findet ihren geografischen Ausdruck an verschiedenen Orten. Dieser Begriff bezieht sich also entweder auf das Volk Gottes auf der ganzen Erde oder auf das Volk Gottes an einem bestimmten Ort. Die Gemeinde besteht aus Menschen wie Paulus und Timotheus, die das Wunder der Wiedergeburt durch den Glauben an unseren Herrn Jesus Christus erfahren haben.

Die einführenden Aussagen des Paulus definieren die Gemeinde ganz eindeutig als einen Besitz Gottes. Sie gehört zu ihm und sie ist seine Schöpfung. Sie ist die Frucht des Erlösungswerkes seines Sohnes. Der Herr Jesus Christus ist auf die Erde gekommen und gestorben, um die Gemeinde ins Leben zu rufen (Eph 5,25–27).

Die Gemeinde gehört nicht nur zu Gott, sie setzt sich auch aus Menschen zusammen, die Gott für sich selbst ausgesondert hat und die er heiligt, das heißt, sie besteht aus „Heiligen". Alle Christen, obwohl Sünder, sind Heilige! Leider wird in der heutigen Sprache dieser Begriff nur noch auf Menschen angewandt, die sich durch besondere Heiligkeit oder Güte auszeichnen. In der Bibel wird er für alle Menschen gebraucht, die die Wiedergeburt kennen und zur Gemeinde Gottes gehören. Dieses Wort steht immer im Plural und bezeichnet die Gläubigen als eine Gruppe. Gleichzeitig beschreibt es Gottes Absicht: Seine Absicht ist, uns heilig zu machen, wie er heilig ist (1.Petr 1,15.16).

4. Gnade und Friede sind unser größtes Bedürfnis und Gottes größte Geschenke an uns.

„Gnade sei mit euch und Friede von Gott, unserm Vater, und dem Herrn Jesus Christus" (V. 2). Dieser Gruß erinnert uns daran, dass wir Gemeinschaft haben mit dem Vater und dem Sohn (1.Joh 1,3), der Inbegriff des ewigen Lebens (Joh 17,3). Bei unserer Wiedergeburt bringt Gott der Heilige Geist uns in diese innige Gemeinschaft. Der Vater steht an erster Stelle, weil er die Quelle der Gottheit ist. Der Vater hat den Sohn gesandt, um uns zu erlösen. Die Initiative zu dem Erlösungsplan geht vom Vater aus (Joh 3,16; 1.Joh 4,9.10.14).

1. Gott im Zentrum

Die Bezeichnung „Vater" gehört zu den kostbarsten Wörtern der menschlichen Sprache. Gott ist das Vorbild für jede Vater- und Mutterschaft auf der Erde. In der Bibel wird nicht die universelle Vaterschaft Gottes gelehrt, außer dass er der Schöpfer aller Lebewesen ist. „Vater" ist in der Sprache der Bibel nicht gleichbedeutend mit „Schöpfer". Er ist nicht der Vater aller Männer und Frauen, sondern nur der ihm gehörenden Menschen, die durch den Glauben an seinen Sohn zu Gliedern seiner Familie und des Leibes seines Sohnes, der Gemeinde, geworden sind. Gottes Vaterschaft für die, die in Christus sind, kann als der Höhepunkt der neutestamentlichen Offenbarung betrachtet werden. Kein Vorrecht ist größer als das: Durch Jesus dürfen wir zum Vater kommen und ihn „*Abba, lieber Vater*" nennen (Röm 8,15)!

Der Vater und der Sohn finden Freude daran, die besten Gaben zu geben, und dieser betende Gruß erinnert uns auf besondere Weise daran, dass Gnade und Friede zu unseren größten täglichen Bedürfnissen gehören. „Gnade" stammt von einem alttestamentlichen Begriff ab, der „bücken" oder „krumm machen" bedeutet. Es weist hin auf Gottes unfassbare Erniedrigung und Freundlichkeit. Seine Gnade ist seine souveräne Entschlossenheit, diejenigen zu segnen, die es nicht verdient haben. Gnade ist gleichzusetzen mit Vergebung. Gottes Gnade lässt uns durch seinen Sohn täglich Vergebung aller unserer Sünden zuteil werden, die wir vor ihm bekennen (1.Joh 1,9). Gnade ist ebenfalls gleichzusetzen mit Hilfe und Kraft, die uns freizügig von Gott gewährt werden. Gottes Gnade ist immer genauso groß wie unser Bedürfnis (Hebr 4,16).

Mit der Gnade einher geht der Friede, und zwar immer in dieser Reihenfolge. Nur wenn wir die Gnade der Vergebung Gottes kennen gelernt haben, werden wir die Erneuerung seines Friedens in unserem Leben erfahren. Frieden ist ein Wohlsein, und dazu gehört auch, dass wir uns keine Sorgen machen. In einer Beziehung bedeutet Friede guter Wille und Harmonie, das Gegenteil von Konflikt. Das Wunder der Gnade Gottes in seinem Sohn ist, dass wir so sehr im Frieden mit Gott sein dürfen, wie es bei unserem Herrn Jesus Christus der Fall ist. Während wir seine Gnade erfahren, können wir beten – und zwar um alles. Die Übung des Gebets wird dann der Weg zu einem tiefen Frieden, einem Frieden, der alles Denken übersteigt (Phil 4,6.7).

Gottes Gnade und Frieden können uns immer wieder neu geschenkt werden, und täglich, stündlich, benötigen wir sie. Je mehr wir täglich Gottes Gnade und Frieden erfahren, desto mehr können wir wie Paulus in Dankbarkeit reagieren und Gott in den Mittelpunkt unseres Lebens stellen. Diese Wahrheit mag in ihren Konsequenzen für uns verborgen sein, aber sie wird für andere sichtbar und hoffentlich immer augenfälliger.

Vertiefen und anwenden:

1. In welchen Lebensbereichen brauchen wir unablässig die Erneuerung der Gnade Gottes?
2. Inwiefern unterscheidet sich das biblische Verständnis von Frieden von dem der Welt?
3. Wie würden Sie antworten, wenn jemand zu Ihnen sagte: „Gott ist der Vater von allen Menschen"? Was sagt Gottes Vaterschaft über Gott aus?

Notizen:

2.
Gottes Absichten hinter „allerlei Trübsal"

2. Korinther 1,3-11

Ziel
> Erkennen, welche Absichten Gott mit unseren Schwierigkeiten und unserem Leid hat.

Gelobt sei Gott, der Vater unseres Herrn Jesus Christus, der Vater der Barmherzigkeit und Gott allen Trostes, der uns tröstet in aller unserer Trübsal, damit wir auch trösten können, die in allerlei Trübsal sind, mit dem Trost, mit dem wir selber getröstet werden von Gott. Denn wie die Leiden Christi reichlich über uns kommen, so werden wir auch reichlich getröstet durch Christus. Haben wir aber Trübsal, so geschieht es euch zu Trost und Heil. Haben wir Trost, so geschieht es zu eurem Trost, der sich wirksam erweist, wenn ihr mit Geduld dieselben Leiden ertragt, die auch wir leiden. Und unsere Hoffnung steht fest für euch, weil wir wissen: wie ihr an den Leiden teilhabt, so werdet ihr auch am Trost teilhaben. Denn wir wollen euch, liebe Brüder, nicht verschweigen die Bedrängnis, die uns in der Provinz

> Asien widerfahren ist, wo wir über die Maßen beschwert waren und über unsere Kraft, sodass wir auch am Leben verzagten und es bei uns selbst für beschlossen hielten, wir müssten sterben. Das geschah aber, damit wir unser Vertrauen nicht auf uns selbst setzten, sondern auf Gott, der die Toten auferweckt, der uns aus solcher Todesnot errettet hat und erretten wird. Auf ihn hoffen wir, er werde uns auch hinfort erretten. Dazu helft auch ihr durch eure Fürbitte für uns, damit unsertwegen für die Gabe, die uns gegeben ist, durch viele Personen viel Dank dargebracht werde.
>
> 1,3–11

Paulus beginnt seinen Brief mit einem Lobpreis. Er preist Gott für die Weise, wie er schwierige Erfahrungen zum Guten gewendet hat. Bei Christen und Nichtchristen gehören Schwierigkeiten zum Alltag dazu (V. 4). Die Worte, die Paulus wählt – „Trübsal" (V. 4), „Leiden" (V. 5–7), „Bedrängnis" (V. 8), „über die Maßen beschwert" und „über unsere Kraft" (V. 8), „am Leben verzagen" (V. 8), „sterben" (V. 9) und „Todesnot" (V. 10) –, weisen hin auf die unterschiedlichen Schwierigkeiten, denen wir begegnen können.

Keine erschöpfende Erklärung für das Leiden

Paulus versucht nicht, eine umfassende Erklärung für Probleme und Leid zu geben, aber er weist hin auf *einige* Absichten, die Gott damit verfolgen könnte. Wir haben bewusst „einige" gesagt, weil wir keinesfalls wagen würden, dogmatisch über Gottes Absichten in Bezug auf das Leiden zu werden (vgl. Joh 9,2.3). Etwas Geheimnisvolles haftet dem Leid an. Dann und wann bekommen wir in der Bibel wichtige Einblicke in das, was Gott vielleicht durch unsere Probleme, unsere Schwierigkeiten und unser Leid tun möchte. Diese Einblicke geben uns jedoch keine Antworten auf alle unsere Fragen; aber sie sind uns die Hilfe und Ermutigung, die wir als Gottes Kinder benötigen, um sie hindurchzutragen.

Absicht Nummer eins:
Gott tröstet uns, damit wir andere trösten können (V. 3.4).

Die grundlegende Überzeugung des Paulus ist, dass Gott „uns tröstet in aller unserer Trübsal, damit wir auch trösten können, die in allerlei Trübsal sind, mit dem Trost, mit dem wir selber getröstet werden von Gott" (V. 4). Wesentlich für diese Überzeugung und die Lehre, die er weitergibt, ist die Erkenntnis des Paulus bezüglich drei Aspekte des Wesens Gottes.

Erstens, Gott ist der Gott und Vater unseres Herrn Jesus Christus (V. 3). Es gibt nur einen Gott, und er ist der Gott, der seinen Sohn als Erlöser gesandt hat (Joh 3,16). Die Beziehung zwischen dem Vater und dem Sohn ist einzigartig: Der Herr Jesus ist der einzige Sohn des Vaters, Gegenstand seiner größten Freude und seines größten Wohlgefallens. Es ist in seinem Sohn, dass der Vater die vollkommene Offenbarung seiner selbst bestimmt. Jede Sichtweise vom Vater, die wir haben, muss daher ganz und gar beeinflusst sein von dem Verständnis des Wesens Gottes, das wir in seiner Selbstoffenbarung in seinem Sohn haben.

Zweitens, Gott ist der Vater der Barmherzigkeit (V. 3). Barmherzigkeit ist ein wesentlicher Teil seines Charakters und seiner Selbstoffenbarung sowohl im Alten als auch im Neuen Testament (Ps 116,5; Jak 5,11). Sie äußert sich in Gottes Mitleid mit uns in unseren Nöten, in Schwierigkeiten und Trauer. Auf wundervolle Weise zeigte sie sich im Leben und Wesen unseres Herrn Jesus, und sie führt immer zu einer angemessenen Handlungsweise (Mt 9,36;15,32).

Gottes Barmherzigkeit entsteht natürlicherweise aus seiner Vaterschaft (Ps 103,13). Jeder Vater – wie jede Mutter – sorgt mitfühlend für seine Kinder, vor allem wenn sie durch Schmerz und Leid gehen. Wenn wir Gott „unseren Vater" nennen, so heißt das nicht, dass er uns in Bezug auf die Vaterschaft ähnlich ist. Vielmehr wollen wir damit sagen, dass er der *wahre* Vater ist und dass die menschliche Vaterschaft bestenfalls eine Widerspiegelung seiner vollkommenen Vaterschaft ist.

Drittens, er ist der Gott allen Trostes (V. 3). Als der vollkommene und barmherzige Vater weiß und versteht er alles, was uns passiert, und er ist in der Lage, uns den Trost zu geben, den wir in jeder Lage brauchen.

In Schwierigkeiten brauchen wir als Erstes Trost – Trost im Sinne von Kraft, Ermutigung und Mut, damit wir uns sowohl der Gegenwart als auch der Zukunft mit der einfachen und doch so wichtigen Fähigkeit stellen können, einen Tag nach dem anderen zu bewältigen. Unser Vater gibt uns Trost auf unterschiedliche Weise – schließlich ist er der Gott *allen* Trostes.

Trost empfangen wir von Gott (V. 4). Gott ist der gebende Gott (Jak 1,5). Es liegt im Wesen Gottes begründet, uns die besten Gaben zu geben. Er achtet darauf, dass Hilfe unterwegs ist, noch bevor wir ihn darum bitten (Jes 65,24). Gottes Trost ist wichtig für die Gegenwart. Er hat uns nicht nur in der Vergangenheit getröstet, sondern er tröstet.

Den Trost, den wir von Gott bekommen, vermögen wir später an andere weiterzugeben. John Wesley[1] betete klug: „Mein Leben soll nicht nutzlos sein." Dinge, die Gott uns zustoßen lässt, sind vielleicht die Erhörung eines solchen Gebetes und Wunsches. Manchmal können wir anderen nur helfen, wenn wir selbst dasselbe durchgemacht haben wie sie. Wir können Trauernde zum Beispiel nur wirksam trösten, wenn wir selbst einen Todesfall erlebt haben. Der Trost, den wir selbst in Zeiten persönlicher Not von Gott bekommen haben und an andere weitergeben, hat etwas Authentisches an sich. Gott kennt von Anfang an die Leute, die er uns unser ganzes Leben hindurch in den Weg stellen wird. In Gottes Leidensschule ist nichts jemals umsonst.

Paulus erhebt unser Leiden auf die höchste Ebene, indem er darauf verweist, dass wir teilhaben am Leiden Jesu (V. 5). Nie werden wir die erlösenden Leiden unseres Herrn Jesus teilen können, da sie gänzlich einzigartig sind. Er allein konnte an unserer Stelle sterben. Indem wir jedoch Menschen zum Glauben an ihn führen, und indem wir uns in geistlicher Hinsicht um sie kümmern und ihnen weiterhelfen, gebraucht der Herr Jesus seine Jünger. Diese privilegierten Aufgaben

---

[1] John Wesley (1703–1791) ist wohl der bekannteste Erweckungsprediger des 18. Jahrhunderts. Unter seiner direkten Führung breitete sich die Erweckung, die 1739 unter Whitefield ausbrach, über England, Wales, Schottland und Irland aus. Er gilt weithin als Gründer der Methodistischen Kirche.

können wir jedoch nicht ohne Nöte der unterschiedlichsten Art erfüllen (zum Beispiel „die Sorge für [...] alle Gemeinden", die Paulus erlebte, 2.Kor 11,28).

Alle, die pastorale Fürsorge für andere übernommen haben, werden schon bald feststellen, wie herausfordernd eine solche Verantwortung ist. Das Leiden des Herrn Jesus in dieser Hinsicht mag überfließen in unser Leben hinein (V. 5), aber dies geschieht niemals, ohne dass unser Trost ebenfalls überfließend ist! Die Gegenwart und Hilfe unseres Erlösers werden wir nie mehr erfahren, als wenn wir um seinetwillen im kostspieligen Dienst für andere stehen.

In diesem Abschnitt tritt die Denkweise des Paulus hilfreich zu Tage (V. 6.7). Paulus war begierig, all dies mit den Korinthern zu teilen. Bestimmt waren einige gespannt auf Nachrichten, was ihm und seinen Gefährten in ihren missionarischen Einsätzen zugestoßen war. Paulus gesteht hier offen ein, dass sie große Not gehabt hatten. Gleichzeitig freut er sich, weil er sicher war, dass die Korinther und andere letztendlich davon profitieren würden. Sie würden an den geistlichen Früchten dieser Not teilhaben. Die Erfahrungen von Paulus und seinen Freunden würden die Korinther ermutigen, ähnliche Leiden geduldig zu ertragen, während sie den Sieg des Trostes Gottes bezeugen.

Absicht Nummer zwei:
Gott lässt zu, dass wir mit uns selbst ans Ende kommen, damit wir uns nicht auf uns selbst verlassen, sondern auf ihn: auf den Gott, der die Toten auferweckt (V. 8.9).

Ein Grund, den Korinthern zu schreiben, mit denen Paulus eine solch enge Beziehung hatte, war, mit ihnen im Kontakt zu bleiben. Sie zählten zu denen, die für ihn und seine Mitarbeiter beteten und sie in ihrer Arbeit unterstützten. Ihre Arbeit in der Provinz Asien verursachte viele Nöte und Leiden. Die Beschreibung des Paulus deutet auf eine beträchtliche Not hin (V. 8b.9). Manche Drangsal im Leben und Dienst scheint die menschliche Fähigkeit zu übersteigen, sie zu ertragen; sie drohen uns zu erdrücken oder zu vernichten.

Paulus erkannte Gottes Absicht. Er und seine Mitarbeiter waren mit sich selbst vollkommen am Ende. In ihren Herzen „spürten sie das Todesurteil" (V. 9; EÜ[2]). Mit anderen Worten, sie meinten, es gäbe keine Hoffnung mehr für sie. Sie waren am Ende ihrer Kraft. Es mag auf der geistlichen Ebene so gewesen sein. Andererseits mag es auch auf der körperlichen Ebene so gewesen sein, dass sie sich in verzweifelter Notlage befanden. Möglicherweise war ihre Gesundheit in Mitleidenschaft gezogen, und sie rechneten mit ihrem Ende. Doch das, was Paulus bereits in den vorhergehenden Versen bezeugt hatte, erwies sich auch hier wieder als wahr! Die Erfahrung war weder für Paulus und seine Mitarbeiter noch für diejenigen, die sie kannten, umsonst. Gott gab ihnen die nötige Kraft zum Durchhalten. Gott ließ das alles zu, damit sie sich nicht auf sich selbst verlassen, sondern auf Gott, der die Toten auferweckt.

Das Vertrauen auf sich selbst ist ein ständiges Risiko und eine Gefahr. Das heißt nicht, dass wir uns nicht auf unsere uns von Gott gegebenen Fähigkeiten und Talente oder Erfahrungen aus der Vergangenheit verlassen sollten. Aber dieses Vertrauen sollte niemals so stark sein, dass wir den Eindruck bekommen, wir könnten unabhängig von Gott handeln oder ohne zu ihm als unsere Kraft und dem Mittelpunkt unserer Anbetung aufzusehen. Selbstvertrauen ist gefährlich und kann unseren Untergang bedeuten. Manchmal muss Gott uns durch schwierige Erfahrungen lehren, uns nicht auf uns selbst zu verlassen, sondern auf ihn. Nachdem wir die Lektion einmal gelernt haben, müssen wir sie manchmal noch einmal lernen.

An dieser Stelle tritt ein grundlegendes Prinzip hervor. Die Basis des christlichen Glaubens und Lebens ist die Auferstehung unseres Herrn Jesus Christus. Das ist eine Wahrheit, die es nicht nur am Ostertag zu feiern gilt, sondern jeden Tag. Wenn wir uns in die Lage der ersten Jünger nach der Kreuzigung aber noch vor der Auferstehung versetzen, erkennen wir, welche Auswirkungen der Tod des Herrn Jesus und sein Leichnam im Grab auf ihre Hoffnungen und Wünsche gehabt hatte. Keine Probleme, Schwierigkeiten, keine Leiden und keine Notlagen, denen wir ins Auge sehen müssen, können größer sein als die, mit denen sich die Jünger konfrontiert sahen. Doch Gott hat Jesus von

---

[2] Elberfelder Bibel, revidierter Text 1985 (Abk.: EÜ), R. Brockhaus Verlag, Wuppertal 1991.

den Toten auferweckt! Dieser Gott ist unser Gott und Vater! Dieser Herr Jesus Christus ist unser auferstandener und erhöhter Herr!

Wir müssen lernen, die Wahrheit der Auferstehung jedem Problem und jeder Schwierigkeit, vor denen wir stehen, gegenüber- oder daneben zu stellen. Auf diese Weise richten wir unseren Blick auf Gott – und das ist der erste Schritt, die Antwort zu finden, die wir brauchen: Trost, Kraft, Geduld und Sieg! In vielerlei Hinsicht sind wir die „Kinder der Auferstehung" (Lk 20,36)!

Absicht Nummer drei:
Gott lehrt uns, ihm als unserem Befreier zu vertrauen, damit ihm Lob dargebracht wird (V. 10.11).

Rückblickend auf die schwierigen Erfahrungen, die Paulus aufgeführt und angedeutet hat, gibt er Zeugnis von der Befreiung Gottes (V. 10). „Der uns [...] errettet hat und erretten wird." Bewusst setzte Paulus seine Hoffnung auf Gottes Errettung. Der Ausdruck „seine Hoffnung setzen" lässt auf eine disziplinierte Entschlossenheit und Zielstrebigkeit schließen. Er beinhaltet eine kritische Entscheidung. Paulus wusste, dass die Hilfe, die er und seine Freunde brauchten, nur von Gott kommen konnte, und auf ihn allein sahen sie darum. Gleichzeitig wusste Paulus, dass Gott den Fürbittengebeten seiner Kinder einen strategisch wichtigen Platz in seinen Rettungsaktionen einräumt.

Bestandteil der christlichen Gemeinschaft ist das Gebet füreinander. Das ist oft wichtiger, als wir vielleicht zu würdigen wissen. Wenn unsere Freunde schwierige Zeiten durchmachen, fällt es ihnen vielleicht schwer zu beten oder zu erkennen, worum sie beten sollen. Gott der Heilige Geist legt Christen häufig, wenn nicht sogar immer, die Bitten für andere aufs Herz. Diejenigen, für die wir beten, erfahren Gottes Gnade (V. 11). Das Fürbittengebet ist ein grundlegendes Element für das Zusammenleben des Volkes Gottes. Unsere Gebete sind Teil von Gottes Rettungsplan in seinem Befreiungsprojekt.

Erhörte Gebete geben Anlass, Gott zu danken (V. 11), und Danksagung ehrt und verherrlicht ihn (Ps 50,23). Rückblickend erkannte Paulus, wie durch die Errettung, die Gott ihm und seinen Gefährten durch erhörte Gebete gewährte, Gott gepriesen wurde. Darin erkannte er eine weitere Absicht Gottes in unseren Schwierigkeiten und Leiden: Er gebraucht sie, damit sein Name gepriesen wird. Gott kann kein höheres Ziel haben, als gepriesen zu werden. Wir können kein größeres Ziel haben als die Verherrlichung Gottes.

Lob und Dank gebühren Gott allein

Vielleicht erkennen wir jetzt, warum Paulus seinen Brief mit dem Lob Gottes beginnt (V. 3). Wir dürfen die Realität der Trübsal (V. 4), der Leiden (V. 5-7), der Bedrängnis (V. 8) und der Gefahren (V. 10) nicht herunterspielen, in die Paulus und seine Freunde geraten waren und die auch uns bevorstehen. Trotzdem dürfen wir lernen, Gott in allem zu preisen wegen der guten Frucht, die sie hervorbringen.

Unsere Schwierigkeiten sind von Gott gegebene Gelegenheiten, seine Barmherzigkeit (V. 3), seinen Trost (V. 3-5.7), seine Macht (V. 9) und seine Befreiung (V. 10) zu beweisen sowie seine Bereitschaft, auf die Gebete seiner Kinder zu hören (V. 11). Wie unglaublich arm wäre unsere Erfahrung des Wesens Gottes als unser herrlicher Vater, wenn wir keine Schwierigkeiten erleben würden! Wie nichts sagend wäre unser Zeugnis! Wie klein wären das Lob und die Anbetung, die wir ihm täglich bringen würden!

Vertiefen und anwenden:

1. Inwiefern können wir am Leiden unseres Herrn Jesus teilhaben, da sein Leiden zu unserer Errettung einzigartig ist?
2. Inwiefern kann unser Leiden für andere hilfreich sein? Inwiefern sind wir durch die Erfahrung anderer Menschen in schwierigen Zeiten ermutigt worden? Welche Beispiele können wir aus der Bibel hierfür geben?
3. Was bedeutet es, „unsere Hoffnung auf Gott zu setzen"? Wie würden Sie Hoffnung, und vor allem die christliche Hoffnung, definieren?
4. Würden Sie Christen in Not diese Bibelstelle vorlesen? Welche anderen Stellen könnten Sie ihnen mit auf den Weg geben?

Notizen:

3.
Paulus ändert seine Pläne – eine Frage der Integrität?

2. Korinther 1,12–2,4

Ziel
> Die Bedeutung der persönlichen Integrität erkennen, wenn unser Leben der Welt zeigen soll, wie anziehend das Evangelium unseres Herrn Jesus Christus ist.

Denn dies ist unser Ruhm: das Zeugnis unseres Gewissens, dass wir in Einfalt und göttlicher Lauterkeit, nicht in fleischlicher Weisheit, sondern in der Gnade Gottes unser Leben in der Welt geführt haben, und das vor allem bei euch. Denn wir schreiben euch nichts anderes, als was ihr lest und auch versteht. Ich hoffe aber, ihr werdet es noch völlig verstehen, wie ihr uns zum Teil auch schon verstanden habt, nämlich, dass wir euer Ruhm sind, wie auch ihr unser Ruhm seid am Tage unseres Herrn Jesus. Und in solchem Vertrauen wollte ich zunächst zu euch kommen, damit ihr abermals eine Wohltat empfinget. Von euch aus wollte ich nach Mazedonien reisen, aus Mazedonien wieder zu euch kommen und mich von euch geleiten lassen nach Judäa.

2. Korintherbrief

> Bin ich etwa leichtfertig gewesen, als ich dies wollte? Oder ist mein Vorhaben fleischlich, sodass das Ja Ja bei mir auch ein Nein Nein ist? Gott ist mein Zeuge, dass unser Wort an euch nicht Ja und Nein zugleich ist. Denn der Sohn Gottes, Jesus Christus, der unter euch durch uns gepredigt worden ist, durch mich und Silvanus und Timotheus, der war nicht Ja und Nein, sondern es war Ja in ihm. Denn auf alle Gottesverheißungen ist in ihm das Ja; darum sprechen wir auch durch ihn das Amen, Gott zum Lobe. Gott ist's aber, der uns fest macht, samt euch in Christus und uns gesalbt und versiegelt und in unsre Herzen als Unterpfand den Geist gegeben hat. Ich rufe aber Gott zum Zeugen an bei meiner Seele, dass ich euch schonen wollte und darum nicht wieder nach Korinth gekommen bin. Nicht dass wir Herren wären über euren Glauben, sondern wir sind Gehilfen eurer Freude; denn ihr steht im Glauben.
>
> Ich hatte aber dies bei mir beschlossen, dass ich nicht abermals in Traurigkeit zu euch käme. Denn wenn ich euch traurig mache, wer soll mich dann fröhlich machen? Doch nur der, der von mir betrübt wird. Und eben dies habe ich geschrieben, damit ich nicht, wenn ich komme, über die traurig sein müsste, über die ich mich freuen sollte. Habe ich doch zu euch allen das Vertrauen, dass meine Freude euer aller Freude ist. Denn ich schrieb euch aus großer Trübsal und Angst des Herzens unter vielen Tränen; nicht, damit ihr betrübt werden sollt, sondern damit ihr die Liebe erkennt, die ich habe besonders zu euch.
>
> 1,12–2,4

Die besondere Beziehung des Paulus zu den Korinthern schätzte er. Das war verständlich, weil er die Geburt der Gemeinde in Korinth miterlebt hatte, als er zusammen mit Silvanus und Timotheus dort das Evangelium verkündigte. Es war in Korinth, als der Herr Jesus in einer denkwürdigen Vision zu Paulus gesprochen hatte (Apg 18,9-11). Die „Gemeinde Gottes in Korinth" (2.Kor 1,1) war das Ergebnis davon.

Beziehungen zu unseren Mitgläubigen bringen einzigartige Freude; aber wenn sie gestört sind, können sie auch großes Leid bereiten. Diejenigen, die uns eigentlich fröhlich machen sollten, scheinen uns manchmal großen Kummer zu bereiten (2.Kor 2,2.3). Das war die traurige Erfahrung des Paulus mit den Korinthern. Aus seinem Wunsch heraus, mit ihnen in Kontakt zu bleiben, hatte Paulus versprochen, sie zu besuchen (V. 16). Die Ausführung seiner beabsichtigten Pläne, die Korinther zu besuchen (siehe 1.Kor 16,5-9), wie auch immer, war jedoch nicht so einfach, wie Paulus es erwartet hatte. Umstände traten ein, die bedeuteten, dass er sein Versprechen nicht halten konnte. Als Folge davon beschuldigten ihn einige der Korinther, leichtfertig Pläne zu schmieden, ohne mit dem Herzen dahinter zu stehen (V. 17).

Als Reaktion auf die Sorge der Korinther und ihre falschen Anschuldigungen deutet Paulus darauf hin, dass er sich vier Zwängen in seinem Charakter und Verhalten ausgesetzt sah, die ihn um Integrität in Beziehungen besorgt sein ließen.

Erster Zwang

Paulus wusste, dass er seinen Ruf als Christ nicht von dem guten Namen und dem Wesen des Gottes trennen konnte, den er repräsentierte und dem er eines Tages einmal Rechenschaft würde ablegen müssen. Aus den richtigen Gründen heraus wollte Paulus, dass die Korinther sich seiner und seiner Gefährten rühmen konnten, so wie er und Silvanus und Timotheus sich des Werkes der Gnade Gottes bei den Korinthern „am Tage unseres Herrn Jesus" würden rühmen können (V. 14). Die Korinther kannten den Charakter des Paulus von seinem Aufenthalt bei ihnen gut genug, um sich rühmen zu können, dass Gott ihn ins Apostelamt berufen hatte. Die Zeichen des Apostelamtes – „Zeichen und Wunder" – waren in den achtzehn Monaten, die er sich in Korinth aufgehalten hatte (2.Kor 12,12), deutlich zu erleben gewesen. Gleicherweise kannte er die Korinther gut genug, um sich der Gnade Gottes rühmen zu können, die in ihnen am Werk war, weil er die Veränderung in ihrem Leben durch das Evangelium erlebt hatte (vgl. 1.Kor 6,9-11).

Wenn wir gegenseitig die Echtheit der Heiligkeit und Aufrichtigkeit kennen und schätzen lernen, sind auch wir in ähnlicher Weise in der Lage, uns einander als das wahre Werk Gottes zu rühmen. Wir rühmen damit nicht uns selbst, sondern Gott. Wir wissen, dass das Lob nicht uns gebührt, sondern Gott. Paulus musste, wie wir alle, mit dem großen Gerichtstag im Blick sein Leben gestalten. Obwohl wir den anderen vielleicht jetzt nicht immer gut verstehen, werden wir „am Tag unseres Herrn Jesus" (V. 14) die Wahrheit übereinander und unsere Lebensweise erfahren. Die letzte Bewertung unseres Charakters und Verhaltens wird an diesem Tag geschehen.

Zweiter Zwang

Paulus wusste, dass Gott, der Gott und Vater unseres Herrn Jesus Christus, der sich uns auf so wundervolle Weise in seinem Sohn geoffenbart hatte, einfältig, lauter und treu ist. Paulus benutzt die letzteren drei Eigenschaften Gottes in diesem Abschnitt: „Denn unser Rühmen ist dies: Das Zeugnis unseres Gewissens, dass wir in Einfalt und Lauterkeit Gottes, nicht in fleischlicher Weisheit, sondern in der Gnade Gottes gewandelt sind in der Welt, besonders aber bei euch", „Gott aber ist treu [...]" (V. 12.18; EÜ). Gottes Lauterkeit oder Heiligkeit (V. 12) ist ein Ausdruck seiner moralischen Vollkommenheit. Gottes Heiligkeit schließt die Möglichkeit aus, dass er uns je täuschen könnte. In seinem Handeln mit uns ist er vollkommen einfältig.

Das griechische Wort für „Einfalt" stammt von zwei Subjektiven ab, die „Wärme oder Licht der Sonne" bedeuten, und von dem Verb „prüfen", sodass es wörtlich bedeutet „vom Sonnenlicht geprüft", soll bedeuten: rein. Wenn wir an einem trüben Tag unsere Fenster betrachten, haben wir den Eindruck, dass sie sauber sind. Doch kommt dann die Sonne zum Vorschein, erkennen wir die Wahrheit – sie sind nämlich dreckig! Gott ist vollkommen ohne Fehler. Er lügt nicht (Tit 1,2). Er ist vollkommen treu, sodass wir uns voll und ganz auf ihn verlassen können. Gottes geistliche Kinder sollten darum in ihrem Wesen und Verhalten seine Lauterkeit, Aufrichtigkeit und Treue widerspiegeln (V. 12.18).

Diese Gedanken im Hinterkopf behaltend, erinnert Paulus die Korinther daran, wie er, Silvanus und Timotheus während ihres

Aufenthalts in Korinth den Herrn Jesus verkündigten (V. 19). In den mehr als achtzehn Monaten in Korinth hatten die Korinther häufiger als viele andere Gläubige die Gelegenheit, die Botschaft des Paulus zu hören und zu sehen, wie er lebte.

Indem sie den Herrn Jesus predigten, verkündigten Paulus und seine Mitarbeiter besonders die Verheißungen, die Gott in ihm gemacht hat, Verheißungen, die das Alten Testament auflistet, und Verheißungen, die der Herr Jesus selbst während seines Dienstes machte. Sie gaben die wundervollen Verheißungen weiter, die Gott allen Gläubigen in Bezug auf den Heiligen Geist gegeben hat. Gott verheißt, dass seine Salbung eines jeden Christen mit dem Heiligen Geist das Siegel für sein Besitzrecht ist (V. 21b.22). Er verspricht, dass die Innewohnung des Geistes die Garantie der zukünftigen Herrlichkeit ist.

Die Verwendung des Siegels geht schon auf eine frühe Zeit zurück. Die Besitzer brandmarkten Tiere wie Menschen (zum Beispiel Sklaven) mit ihrem Brandzeichen. Die Soldaten heute tragen Abzeichen, an denen das Regiment zu erkennen ist, dem sie angehören. Die Gabe des Heiligen Geistes, der im Herzen der Gläubigen wohnt, ist ein Zeichen, dass sie Gottes vollkommenes Eigentum sind. Es ist auch das Unterpfand seines Erbes und seiner Erlösung, das ihnen gehört (vgl. Eph 1,13.14;4,30).

Indem Paulus und seine Gefährten diese Verheißungen im Herrn Jesus verkündigten, so verkündigten sie ihn nicht als einen unsicheren Erlöser, der manchmal errettet und manchmal nicht. Sie deuteten nicht an, dass Gott seine Verheißungen gelegentlich hält und manchmal eben nicht. Alle Verheißungen Gottes finden ein sicheres „Ja" in Jesus. Wenn wir angesichts seiner Verheißungen im Herrn Jesus unsere Bitten vor Gott bringen, ist die Antwort immer „ja". Jeder Verheißung Gottes können wir als Gläubige den Namen Jesu hinzufügen, und wir dürfen sicher sein, dass wir Gottes „Ja" darauf haben.

Daher ist es nicht erstaunlich, dass wir unsere Gebete im Namen unseres Erlösers vorbringen und dass unser letztes Wort „Amen" ist – ein Wort, das einfach und sehr machtvoll die Gewissheit und Verlässlichkeit alles dessen ausdrückt, was Gott uns in seinem Sohn verheißen hat. Wir sprechen unser „Amen" „zum Ruhm Gottes" (V. 20), weil Gott allein Preis und Ehre gebühren, da er seinen Sohn als die Grundlage seines großen Heilsplanes gegeben hat (Röm 11,36). In welchem Zusammenhang steht nun das, was Paulus über das Wesen Gottes und seine Verheißungen sagt, zur Integrität des Paulus? Diese Gewissheit der Verheißungen Gottes in Jesus hatten praktische Auswirkungen auf das Verhalten des Paulus: Er musste sich bemühen, genauso verlässlich bei der Einhaltung seiner Versprechen zu sein wie Gott. Wenn Paulus nicht verlässlich war, würden die Menschen vielleicht die Verlässlichkeit des Gottes und Erlösers anzweifeln, die er lebte zu verkündigen.

Dritter Zwang

Paulus war sich der wichtigen Aktivität seines Gewissens nur allzu sehr bewusst (V. 12). Das Gewissen hat die Angewohnheit, uns in wichtigen Augenblicken an bestimmte Dinge zu erinnern. Es ist Gottes Monitor in unserer Seele. Der Heilige Geist erzieht beständig unser Gewissen durch das Lesen der Heiligen Schrift. Er gebraucht sowohl die Bibel als auch unser Gewissen, um uns zu überführen, wenn unsere Handlungen falsch oder unangemessen sind, aber er bestätigt auch, wenn sie richtig sind. Unser Gewissen spricht von unserem Verhalten, unseren Beziehungen zu anderen und unserer Heiligkeit, Einfalt und Treue. Das Gewissen sollte niemals ignoriert werden. Je mehr wir Gott gefallen möchten, desto mehr wissen wir zu schätzen, was für ein guter Freund er ist, und desto mehr wertschätzen wir das Wort Gottes.

Vierter Zwang

Paulus erkannte an, dass Gottes Gnade sein Handeln vielmehr bestimmen sollte als weltliche Weisheit (V. 12). Im Alltag werden immer wieder Entscheidungen und Versprechen von uns gefordert. Die weltliche Weisheit lässt uns fragen: „Was ist das Beste für *mich*? Wie kann *ich* von dieser Situation profitieren?" Wenn wir jedoch im Licht der Gnade Gottes leben, fragen wir vielmehr: „Was liegt im Interesse des Volkes Gottes? Was wird Gott am ehesten ehren, dem ich durch Jesus Christus alles verdanke?"

Wenn wir nach der weltlichen Weisheit leben und vielleicht Fehler gemacht haben, sind wir möglicherweise versucht, die Wahrheit ein wenig zu manipulieren, um der Verantwortung zu entgehen. Die weltliche Weisheit ist sehr geschickt im Formulieren von Halbwahrheiten, sodass man einer Beanstandung entkommen kann. Im Werbebereich versierte Spezialisten beraten Politiker und Führer, wie sie ihre Politik so darstellen können, dass ungünstige Aspekte verborgen bleiben. Die Gnade Gottes dagegen bringt uns dazu, wahrhaftig zu sein, zu sagen, was wir meinen, und zu meinen, was wir sagen. Darum schreibt Paulus: „Denn wir schreiben euch nichts anderes, als was ihr lest und auch versteht" (V. 13). Er schrieb ihnen nichts Zweideutiges.

Diese vier Einschränkungen vermitteln einen Einblick in das, was es bedeutet, aufrichtig zu leben:

Erstens, wir müssen unser Leben im Hinblick auf den Tag des Gerichts führen.

Das ist der „Tag unseres Herrn Jesus" (V. 14). Es ist klug, jeden Tag so zu erleben, als würde der morgige Gerichtstag sein.

Zweitens, wir sollten unsere Beziehungen mit Heiligkeit, Aufrichtigkeit und Treue gestalten, die von Gott sind (V. 12.18).

Gott der Heilige Geist möchte diese in uns hervorbringen als Teil seiner wesentlichen Frucht.

Drittens, wir sollten unser Gewissen anerkennen und ihm gehorchen, wenn es zu uns spricht (V. 12).

Es sollte immer als Freund gesehen werden, niemals als Feind.

Viertens, wir sollten nicht der „weltlichen Weisheit gemäß, sondern der Gnade Gottes gemäß" leben (V. 12).

Diese Prinzipien sind für alle persönlichen Beziehungen wichtig. Bei der Heirat zum Beispiel geben wir öffentlich während des Traugottesdienstes ein Versprechen ab. Egal für welche Formel wir uns entscheiden, wir versprechen, ein liebevoller, treuer und pflichtbewusster Ehepartner zu sein, in guten wie in schlechten Zeiten, in Krankheit und Gesundheit, bis dass der Tod uns scheidet. Wenn ein Pastor in eine neue Gemeinde berufen wird, versprechen Pastor und Gemeindemitglieder gewöhnlich in einem öffentlichen Einführungsgottesdienst einander die Treue. Auch bei der Gemeindemitgliedschaft gehen wir eine Verpflichtung ein, wir versprechen, einander zu lieben und in Harmonie miteinander zu leben, egal was auch passiert. Die Integrität verlangt, dass wir das, was wir versprechen, auch halten.

Was sollen wir tun, wenn wir in unseren Beziehungen scheitern oder unser Handeln missverstanden wird?

Erstens, wir müssen nach Ehrlichkeit streben.

Was Paulus über das Missverständnis der Korinther in Bezug auf die Verzögerung seines Besuchs geschrieben hat, zeigt, dass es sein Wunsch war, ehrlich und aufrichtig zu sein. Das fällt uns nicht immer leicht, weil es vielleicht bislang nicht unsere Gewohnheit war.

Zweitens, wenn möglich sollten wir unser Handeln und unsere Motive erklären, wenn wir in der Gefahr stehen, missverstanden zu werden.

Der Wunsch, eine solche Erklärung abzugeben, ist in sich selbst ein Ausdruck der Ehrlichkeit, die wir anstreben. Unsere Erklärung sollte durch Einfachheit gekennzeichnet sein und nicht durch die manipulativen Fähigkeiten weltlicher Weisheit (V. 12-14). Es existiert kein Raum für christliche Schönrednerei.

Es gehörte zu seiner Ehrlichkeit, dass Paulus nun den eigentlichen Grund dafür nennt, warum er die Korinther nicht wieder besucht hatte: Er wollte ihnen Kummer ersparen (V. 23). Falls das Gott entehrende Verhalten innerhalb der Gemeinde in Korinth zum Zeitpunkt seines Besuchs noch nicht korrigiert worden wäre, dann hätte er unausweichlich disziplinarische Maßnahmen ergreifen müssen. Paulus war in erster Linie um den Glauben der Korinther besorgt. Er wollte, dass sie stark im Glauben und im Gehorsam gegenüber Gott waren, den wahrer Glaube hervorbringt. Ein pastorales Anliegen ist es, dass Gläubige im Glauben beharren und fest stehen im Glauben mit Freude (V. 24).

Darum fasste Paulus den Entschluss, keinen weiteren schmerzlichen Besuch bei den Korinthern zu machen (2.Kor 2,1). Er schrieb seinen früheren Brief, damit er, wenn er dann endlich käme, nicht von denen betrübt werden würde, die ihn eigentlich froh machen sollten (2,3). Briefe bereiten häufig in hilfreicher Weise den Weg für einen Besuch. Doch falsch verstanden, können sie am Ziel vorbeischießen. Paulus schrieb seinen Brief „aus großer Trübsal und Angst des Herzens unter vielen Tränen", nicht um sie zu betrüben, sondern um ihnen die Tiefe seiner Liebe zu zeigen (2,4). Tränen sind die natürliche Folge einer großen Liebe. Trotzdem wurden sein Handeln und seine Motive missverstanden. Man unterstellte ihm, leichtfertig Versprechungen gemacht zu haben. Folgende Fragen wurden gestellt: „Kann man Paulus überhaupt trauen? Sorgt er sich tatsächlich um uns?" Wir mögen uns fragen, warum und wie solche Situationen jemals im Volk Gottes entstehen können. Ein Grund dafür ist die unablässige Aktivität unseres geistlichen Feindes, des Satans, der im Buch der Offenbarung als der „Verkläger unserer Brüder" (Offb 12,10) beschrieben wird.

Die große Lektion, die sich aus diesem Abschnitt erhebt, ist, dass das Ziel unseres Verhaltens – unseren Mitchristen und den Ungläubigen gegenüber – darauf gerichtet sein sollte, Gottes Wesen widerzuspiegeln. Obwohl wir wissen, dass wir dieses Ziel nie ganz erreichen werden, sollten wir der Anweisung unseres Herrn folgen: „Darum sollt ihr vollkommen sein, wie euer Vater im Himmel vollkommen ist" (Mt 5,48). Gott ist vollkommen in Heiligkeit, Aufrichtigkeit und Treue. Wir können nicht alle besondere Begabungen und außergewöhnliche Talente haben. Doch durch die Gnade Gottes können alle von uns Männer und Frauen von Integrität sein. Gottes Verheißungen in Jesus machen uns dessen gewiss.

Vertiefen und anwenden:

1. Wie werden Ihrer Meinung nach Menschen im Allgemeinen Integrität definieren? Unterscheidet sich das christliche Verständnis von Integrität irgendwie von der gängigen Meinung?
2. In welchen Situationen ist unsere Integrität bedroht?
3. Wessen können wir uns voreinander rühmen (V. 14)?
4. Fallen Ihnen Verheißungen Gottes ein, uns zu halten, zu helfen, zu führen, für uns zu sorgen, uns zu befreien und schwierige und unangenehme Dinge in unserem Leben in Gutes zu verwandeln?
5. Woraus besteht ein reines Gewissen?
6. Fallen Ihnen Situationen ein, in denen Sie sich entscheiden mussten, ob Sie nach weltlicher Weisheit oder nach der Gnade Gottes (V. 12) leben wollten? Wie treffen Sie diese Entscheidung?
7. Was für einen Unterschied macht es in unserem Leben, wenn wir mit Blick auf „den Tag Christi" (V. 14) leben?

Notizen:

4.
Gemeindezucht und die Vergebung des Sünders

2. Korinther 2,5-11

Ziel

> Es gilt, die Notwendigkeit einer sorgsamen und einfühlsamen Gemeindezucht schätzen zu lernen.

Wenn aber jemand Betrübnis angerichtet hat, der hat nicht mich betrübt, sondern zum Teil – damit ich nicht zuviel sage – euch alle. Es ist aber genug, dass derselbe von den meisten gestraft ist, sodass ihr nun ihm desto mehr vergeben und ihn trösten sollt, damit er nicht in allzu große Traurigkeit versinkt. Darum ermahne ich euch, dass ihr ihm Liebe erweist. Denn darum habe ich auch geschrieben, um eure Bewährung zu erkennen, ob ihr gehorsam seid in allen Stücken. Wem aber ihr etwas vergebt, dem vergebe ich auch. Denn auch ich habe, wenn ich etwas zu vergeben hatte, es vergeben um euretwillen vor Christi Angesicht, damit wir nicht übervorteilt werden vom Satan; denn uns ist wohl bewusst, was er im Sinn hat.

2,5-11

2. Korintherbrief

Einer der schwierigsten Aspekte des Gemeindelebens ist die Ausübung von geistlicher Disziplinierung. Die Welt betrachtet dies als eine Einmischung in die persönliche Freiheit. „Welches Recht hast du, andere zu beurteilen?", ist die Reaktion der meisten Nichtchristen. Selbst Christen sind manchmal wenig damit vertraut, wie die biblische Lehre deren Notwendigkeit unterstreicht, dass auch sie ihre Gültigkeit infrage stellen.

Die Bibel lässt uns nicht im Zweifel über ihre Wichtigkeit. Es ist nicht die Verantwortung der Gemeinde, die außerhalb der Gemeinde zu beurteilen, wohl aber diejenigen in der Gemeinde. Paulus ging in seinem ersten Brief an die Korinther (Kapitel 5) darauf ein. Er hatte gehört, dass sich unter den Korinthern eine Form von sexueller Unmoral ausgebreitet hatte, wie es sie nicht einmal unter den Heiden gab. Ein Mann war eine sexuelle Beziehung zu der Frau seines Vaters eingegangen, genauer gesagt: seiner Stiefmutter. Paulus äußerte seine Besorgnis darüber, dass die Korinther über diese Situation nicht tief gehend genug betrübt waren. Sie hatten es versäumt, das sündige Gemeindemitglied zu disziplinieren, indem sie den Mann aus ihrer Gemeinschaft ausschlossen. Paulus wies sie an, sich als Gemeinde im Namen des Herrn Jesus zu versammeln und angemessene Gemeindezucht zu üben. Der Zweck dieser Zucht sollte heilsamer Natur sein, „zum Verderben des Fleisches", damit „der Geist gerettet werde am Tage des Herrn" (1.Kor 5,5).

Gemeindezucht nimmt die durchdringende Kraft eines falschen Einflusses in der Gemeinde ernst (1.Kor 5,6.7). Zwar geht es in dem Beispiel in 1. Korinther 5 um sexuelle Unmoral, doch ist dies nicht der einzige Grund für Gemeindezucht, wenngleich leider der vermutlich häufigste. Gewaltanwendung, Götzendienst, Verleumdung, Trunkenheit und Betrug, alle diese Dinge sind Gründe für Gemeindezucht. Streit unter Gläubigen, falsche Lehre und Abfall vom Glauben gehören auch dazu. Gemeindezucht hat das Wohlergehen der gesamten Gemeinde zum Ziel.

Nachdem Paulus in seinem ersten Brief diesen Rat gegeben hat, erfuhr er, dass die Korinther vermutlich zu hart in ihrer Gemeindezucht verfahren waren. Die Identität der in diesem Kapitel angesprochenen Person ist uns nicht bekannt. Es könnte die Person sein, die bereits in 1. Korinther 5 erwähnt wurde. Dies ist die traditionelle Ansicht, obwohl sie gelegentlich infrage gestellt wurde.

Es könnte aber auch die Person gewesen sein, die Paulus zur Zielscheibe seines Spotts gemacht hatte und von der Paulus in dem verloren gegangenen Brief gesprochen hat (V. 9). Der erste Hinweis auf diese Möglichkeit ist die Bemerkung des Paulus: „Wenn aber jemand Betrübnis angerichtet hat, der hat nicht mich betrübt, sondern zum Teil – damit ich nicht zu viel sage – euch alle" (V. 5). Anscheinend waren einige der Korinther aufgebracht, dass der Apostel, der ihnen zuerst das Evangelium verkündigte, in seiner Abwesenheit verbal angegriffen worden war. Vermutlich fühlten sie sich mehr verletzt als Paulus. Paulus wollte nicht zu viel sagen (V. 5b). Vielleicht hatten die Korinther eine Kleinigkeit groß aufgebauscht. Wenn das so ist, dann scheint dies eher auf eine persönliche Beleidigung anwendbar als auf die in 1. Korinther 5 beschriebene Situation.

Ein weiterer Hinweis auf die Möglichkeit, dass eine Beleidigung gemeint ist, findet sich in der Erwähnung seines persönlichen Kummers (V. 10) und seinen Worten: „Wenn ich etwas zu vergeben habe." Da er die Beleidigungen nicht selbst gehört und sich von daher nur aufs Hörensagen stützen konnte, war er nicht unbedingt davon überzeugt, dass es etwas zu vergeben gab. Außerdem war er in seinem Brief an die Korinther auf diese Angelegenheit eingegangen und hatte ihnen Anweisungen gegeben, wie sie mit einer solchen Situation angemessen umgehen sollten. Er hat geschrieben, um zu sehen, ob sie auf seine Anweisungen über das Üben von Gemeindezucht eingehen würden. Ihre Reaktion war ein guter Test, wie sehr sie ihm als Apostel gehorsam waren (V. 9). Paulus wollte die Korinther nicht bevormunden, indem er ihren Gehorsam forderte. Diese Art der Autorität war ihm nicht gegeben. Vielmehr hatte er ihnen Prinzipien an die Hand gegeben, die sie in einer schwierigen Situation in Korinth anwenden konnten. Er erwartete von ihnen Gehorsam Gott gegenüber, weil die Prinzipien richtig waren, und in seiner Eigenschaft als Repräsentant des Herrn Jesus Christus hatte er ihnen diese Prinzipien gegeben.

Gemeindezucht ist ein wesentlicher Aspekt pastoraler Fürsorge. Sie beginnt mit dem Antrag auf Gemeindemitgliedschaft und ist ein wichtiger Grund für die Errichtung einer Gemeindemitgliedschaft, eher als ein loses Zusammengehören.

Als ich bei den Ältesten die Aufnahme in die Gemeinde beantragte, musste ich unter anderem in dem Antragsbogen die Frage beantworten: „Sehen Sie als Christ die Notwendigkeit, auf Ihren Lebensstil zu achten (Eph 5,15; Röm 12,17) und ein selbstbeherrschtes und gottesfürchtiges Leben zu führen (Tit 2,12) und als Christ anderen ein Vorbild zu sein in dem, was Sie sagen, in Ihrem Verhalten, Ihrer Liebe, Ihrem Glauben und Ihrer Reinheit (1.Tim 4,12) und indem Sie allem absagen, was Gott keine Ehre bereitet (1.Kor 6,15–17)?" Kein Christ, der Gott gefallen möchte, zweifelt die Richtigkeit solcher Fragen an. Und in jeder Familie muss Disziplin in irgendeiner Form geübt werden und sie muss eine Person anerkennen, die sie ausübt. In der natürlichen Familie sind dies in der Regel Vater und Mutter. In der Gemeindefamilie übernehmen der Pastor und die Ältesten diese Rolle. Jede Gemeindefamilie setzt sich wie die natürliche Familie aus starken und schwachen Mitgliedern zusammen. Einige sind schwach wegen bestimmter ihnen anhaftender Verletzlichkeiten, andere, weil sie noch jung im Glauben sind und vielleicht erst vor kurzem von einem Lebensstil ganz nach weltlichen Maßstäben bekehrt wurden.

Wenn wir uns das in Erinnerung rufen, was wir über die Stadt Korinth und die üblen Praktiken wissen, von denen die Korinther befreit worden waren (1.Kor 6,9–11), dann ist es nicht erstaunlich, dass Gemeindezucht notwendig war. Sünden, die in der Welt weit verbreitet sind, bedrohen unweigerlich das Leben der Gemeinde, da ihre Mitglieder in dieser Umgebung ihr Leben leben müssen.

Sieben Prinzipien der Gemeindezucht

Aus diesem Abschnitt können wir eine Reihe von Prinzipien in Bezug auf die Gemeindezucht ableiten.

Erstens, die Ausübung von Gemeindezucht muss mit Betrübnis – gemeinschaftlicher Betrübnis – über die Sünde einhergehen (V. 5), doch die Gefühle sollten unter Kontrolle sein.

Paulus anerkennt, dass durch die begangene Sünde Verletzungen entstanden sind. Das war vollkommen angemessen. Was Gott betrübt, sollte auch uns betrüben. Wenn der Geist Gottes durch das, was geschieht, betrübt wird, dann sollten wir es auch sein. Betrübnis ist eine bessere Reaktion als Zorn. Zorn ist verständlich, aber er kann unser Urteilsvermögen beeinträchtigen. Es fällt nicht schwer, zornig auf den Menschen zu sein, der gesündigt hat. Der Zorn kann sowohl durch die daraus entstandenen Probleme ausgelöst worden sein als auch durch die Verunglimpfung des Namens Gottes. Betrübnis ist eine bessere Reaktion als Zorn, aber auch sie muss kontrolliert werden.

Vermutlich deutet Paulus dies an, wenn er schreibt: „Damit ich nicht zuviel sage" (V. 5). Er war sich über die Gefahr im Klaren, dass wir die richtige Perspektive verlieren und zu viel sagen oder überzogen reagieren. Aus diesem Grund ist es gut, nicht sofort zu handeln, sondern eine „Nacht darüber zu schlafen", damit sich unsere Gefühle und die gemeinsame Reaktion in der Gemeinschaft der Gemeinde beruhigen können. Oft haben wir das Gefühl, sofort handeln zu müssen. Das stimmt vielleicht, aber „sofort" bedeutet nicht im gleichen Moment, wo wir feststellen, dass etwas falsch ist. Am folgenden Tag sieht die Sache häufig nicht mehr ganz so dramatisch aus wie auf den ersten Blick. Außerdem gibt es immer einen richtigen Weg nach vorne, wenn man aufrichtig danach sucht.

Zweitens, Gemeindezucht erfordert eine Mehrheitsentscheidung (V. 6).

Wir wissen nicht, was hinter der Bemerkung des Paulus steht: „Es ist aber genug, dass derselbe von den meisten gestraft ist" (V. 6). Vermutlich bedeutet es, dass die Gemeindeführung in Korinth, das heißt die Ältesten, die Sünde dieses Gläubigen vor die Gemeinde gebracht hatten, nach der Vorgehensweise, wie sie in 1. Korinther 5 und von unserem Herrn Jesus Christus in Matthäus 18,15–17 dargelegt wurde. Dann wurden, wie auch immer vorgegangen worden war, disziplinarische Maßnahmen vorgeschlagen und in der einen oder anderen Form abgestimmt. Die Mehrheit stimmte zu und die Entscheidung wurde ausgeführt.

Die Worte des Paulus lassen darauf schließen, dass die Entscheidung nicht einstimmig ausgefallen war. Das kann häufiger vorkommen. Einstimmigkeit ist ein großer Segen, aber wir dürfen nicht so weit darauf bestehen, dass wir überhaupt nichts mehr ohne einen einstimmigen Beschluss tun. Wir können zum Beispiel niemals sicher sein, dass jeder Christ, der an einer Gemeindemitgliederversammlung teilnimmt, auch tatsächlich mit Gott wandelt und mit ihm in Tuchfühlung ist. Persönliche Gründe können Christen daran hindern, sich der Mehrheit anzuschließen, besonders wenn es sich um Freunde oder Familienmitglieder des betroffenen Gemeindemitglieds handelt (zum Beispiel Elis Fehler, 1.Sam 2,22-25). Trotzdem sollte der Entscheidung der Mehrheit gefolgt werden, da Gott seinem Volk gemeinsame Weisheit schenkt, wenn sie zu ihm aufsehen. Die Erwähnung des Wortes „Mehrheit" lässt jedoch darauf schließen, dass die Gemeinde in Bezug auf die notwendige Handlungsweise im Wesentlichen einer Meinung sein muss. Gleichzeitig darf das Fehlen einer vollständigen Einstimmigkeit nicht die Gemeindezucht ausschließen.

Drittens, Gemeindezucht fordert eine angemessene Bestrafung (V. 6).

In Korinth war das Gemeindemitglied, das gegen die Ordnungen Gottes verstoßen hatte, bestraft worden. Es mag aus der Gemeinschaft ausgeschlossen worden sein (siehe 1.Kor 5,2) oder man hatte ihm vielleicht gewisse Privilegien einer Gemeindemitgliedschaft, wie zum Beispiel die Teilnahme am Abendmahl, entzogen, bis er seine Reue unter Beweis gestellt hatte. Falls er ein Amt oder eine Verantwortung in der Gemeinde übernommen hatte, so wurde ihm dieses Privileg entzogen. Es ist die Aufgabe der Gemeindeleitung, die angemessenste Strafe zu bestimmen.

Viertens, die Ausübung von Gemeindezucht muss die Buße und Erneuerung im Blick haben, damit der betroffene Gläubige zu guter Letzt Vergebung und Trost erfahren kann (V. 7).

Paulus hatte Sorge, dass die Strafe oder der Geist, in dem die Strafe verhängt wurde, zu hart war. In einem solchen Fall könnte der Missetäter „von allzu großer Traurigkeit überwältigt werden" (V. 7). Das Wort „überwältigen" wird benutzt, Satan als Löwen zu beschreiben, der umhergeht und versucht, zu verschlingen, wen er kann (1.Petr 5,8), oder für die Wasser des Roten Meeres, in denen die Ägypter ertranken (Hebr 11,29). An dieser Stelle ist es verwendet für den geistigen oder geistlichen Zustand einer Person, die unter der Verzweiflung hoffnungsloser Buße leidet. Der Satan freut sich, einen Menschen unter Gemeindezucht fühlen zu lassen, dass er weder von Gott noch von seinem Volk geliebt ist und es weder Raum für Buße noch zur Vergebung gibt (vgl. 2.Kor 7,19).

Traurigkeit ist die richtige Reaktion auf unsere Sünde und gehört zu unserer Buße. Überwältigende Traurigkeit bedeutet jedoch, dass wir verzweifeln und nicht daran glauben, Vergebung erlangen und die Sache jemals in Ordnung bringen zu können. Das möchte Gott nicht, auch sollten wir uns solche Gefühle nicht wünschen. Gemeindezucht muss durch Barmherzigkeit gemildert werden. Mit der Strafe einhergehen muss die Hoffnung auf Buße und Wiederherstellung der Gemeinschaft.

Bei der Gemeindezucht gibt es zwei offensichtliche Gefahren: Sie kann zu streng oder zu lasch sein. Wenn sie zu lasch ist, wird das angestrebte Ziel nicht erreicht. Wenn sie zu streng ist, kann sie den Betroffenen zu vollkommener Verzweiflung führen.

Fünftens, Gemeindezucht muss gleichzeitig die Hoffnung auf christliche Vergebung vermitteln – eine Vergebung, die von allen Gemeindemitgliedern praktiziert wird (V. 10).

Diese Stelle vermittelt den Eindruck, dass die Korinther ihre Bestrafung zu lange aufrechterhalten hatten. Angesichts der Buße der betreffenden Person war die Zeit der Vergebung und des Trostes gekommen (V. 7). Sie mussten ihre Liebe zu ihm erneut bestätigen (V. 8), die Liebe zueinander als Mitglieder der Familie Gottes, die Gott in unsere Herzen legt. Wenn die Disziplin angemessen ausgeführt und im richtigen Geist angenommen worden ist, ist die bestätigende Liebe geboten. Wenn die Gemeinschaft innerhalb der Gemeinde erkennt, dass die Gemeindezucht ihre Wirkung hatte, und dann Vergebung übt, ist es die Aufgabe eines jeden Mitglieds, ein Teil dieser Vergebung zu sein. Paulus versichert den Korinthern, dass er sich mit ihnen in ihrer Vergebung identifiziert. Was andere vergeben haben, müssen wir auch vergeben.

2. Korintherbrief

Sechstens, bei der Ausübung von Gemeindezucht müssen wir vergeben, wie uns vergeben worden ist, und zwar wie „vor Christi Angesicht" (V. 10).

Dies ist eine andere Ausdrucksform, die sagen will, dass sie auf eine Art geschehen muss, die den Herrn Jesus ehrt und die Art und Weise widerspiegelt, wie er uns bereits gnädig vergeben hat. Sie sollte in der Anerkennung durchgeführt werden, dass er durch seinen Geist in seiner Gemeinde immer gegenwärtig ist. Er wandelt inmitten seiner Leuchter, der örtlichen Gemeinden (Offb 2,1). Paulus wollte sein ganzes Leben „im Angesicht Christi" führen, denn dies ist der Kern der Gottseligkeit, für den Einzelnen wie für die ganze Gemeinde. Wir sollen von Herzen vergeben und vergeben, wie er uns vergeben hat. Wir schaffen es vielleicht nicht zu vergessen, aber wir müssen es versuchen, und so handeln, als hätten wir vergessen.

Siebtens, Gemeindezucht muss sorgfältig ausgeführt werden, damit wir dem Satan nicht die Gelegenheit geben, uns auszutricksen (V. 11).

Uns ist bewusst „was er im Sinn hat" (V. 11). Er versucht ständig, uns durch seine bösen Listen und Tricks auszutricksen (vgl. Eph 6,11; 1.Petr 5,8). Dies ist angebrachte Mahnung zur Vorsicht. Falls die Gemeindezucht unzureichend ist, freut sich Satan, weil die Sünde in einem solchen Falle heruntergespielt und vielleicht sogar noch gefördert wird. Ist die Gemeindezucht zu streng, kann sie den Betroffenen in die Verzweiflung und möglicherweise sogar zu einer Abkehr vom Glauben führen.

Wie oft schlägt der Satan zu und verschafft sich Einlass in eine Glaubensgemeinschaft, wenn wir in dem Bemühen, das Richtige zu tun, wie beim Beispiel Gemeindezucht, den falschen Ansatz wählen. Wenn er uns entmutigen kann, unsere Pflicht zu tun, wird er es tun. Gelingt es ihm jedoch nicht, wird er uns ermutigen, unsere Pflicht zu gewissenhaft zu tun. Er wird versuchen, etwas Gutes in etwas Schlechtes zu verwandeln. Es macht ihm Spaß, uns zu übertriebenem Handeln anzustiften. Das, was wir für den richtigen Weg halten (Gemeindezucht), soll in den Konsequenzen schlimmer sein als die Krankheit, die wir zu heilen versuchen (die begangene Sünde). Wir sollten nicht unwissend darüber sein, wie er arbeitet.

Vertiefen und anwenden:

1. Was würden Sie denen antworten, die die Meinung vertreten, Gemeindezucht sei ein Eindringen in und eine Verletzung der persönlichen Freiheit des Einzelnen?
2. Welche Ziele verfolgt Gemeindezucht?
3. Was bedeutet es zu vergeben, wie uns selbst vergeben worden ist und dies zu tun „vor Christi Angesicht" (V. 10)?

Notizen:

5.
Die Briefe, die Gott schreibt

2. Korinther 2,12-3,6

Ziel

> Wir wollen uns ermutigen lassen, uns selbst als Diener des Evangeliums zu sehen und die damit verbundenen Hinweise zu erkennen.

Als ich aber nach Troas kam, zu predigen das Evangelium Christi, und mir eine Tür aufgetan war in dem Herrn, da hatte ich keine Ruhe in meinem Geist, weil ich Titus, meinen Bruder, nicht fand; sondern ich nahm Abschied von ihnen und fuhr nach Mazedonien. Gott aber sei gedankt, der uns allezeit Sieg gibt in Christus und offenbart den Wohlgeruch seiner Erkenntnis durch uns an allen Orten! Denn wir sind für Gott ein Wohlgeruch Christi unter denen, die gerettet werden, und unter denen, die verloren werden: diesen ein Geruch des Todes zum Tode, jenen aber ein Geruch des Lebens zum Leben. Wer aber ist dazu tüchtig? Wir sind ja nicht wie die vielen, die mit dem Wort Gottes Geschäfte machen; sondern wie man aus Lauterkeit und aus Gott reden muss, so reden wir vor Gott in Christus.

> *Fangen wir denn abermals an, uns selbst zu empfehlen? Oder brauchen wir, wie gewisse Leute, Empfehlungsbriefe an euch oder von euch? Ihr seid unser Brief, in unser Herz geschrieben, erkannt und gelesen von allen Menschen! Ist doch offenbar geworden, dass ihr ein Brief Christi seid, durch unsern Dienst zubereitet, geschrieben nicht mit Tinte, sondern mit dem Geist des lebendigen Gottes, nicht auf steinerne Tafeln, sondern auf fleischerne Tafeln, nämlich eure Herzen. Solches Vertrauen aber haben wir durch Christus zu Gott. Nicht dass wir tüchtig sind von uns selber, uns etwas zuzurechnen als von uns selber; sondern dass wir tüchtig sind, ist von Gott, der uns auch tüchtig gemacht hat zu Dienern des Neuen Bundes, nicht des Buchstabens, sondern des Geistes. Denn der Buchstabe tötet, aber der Geist macht lebendig.*
>
> 2,12–3,6

Das Bewusstsein für die persönliche Identität geht Hand in Hand mit dem Bewusstsein eines Lebenszieles. Wenn wir verstehen, wer wir sind, können wir besser begreifen, wie wir leben sollen. Dieser Abschnitt zeigt, wie wir uns selbst sehen sollten, nachdem wir in die Familie Gottes hineingeboren und das Recht bekommen haben, am Reich seines Sohnes teilzuhaben.

Zuerst und vor allem sind wir Verwalter oder Diener und Verkündiger eines Neuen Bundes (3,6). Das Wort, das hier für „Verwalter" oder „Diener" verwendet wird, beschreibt jemanden, der die Befehle eines anderen ausführt. Dieses Wort passt sehr gut, weil es uns daran erinnert, dass das Evangelium, die gute Nachricht des Neuen Bundes, seinen Ursprung nicht in uns, sondern in Gott findet.

Ein Bund ist eine bindende Vereinbarung oder ein Vertrag. In der Bibel wird dieses Wort vor allem für die Verpflichtungen verwendet, die Gott eingeht, um sündige Männer und Frauen mit sich selbst zu versöhnen (1.Mose 17,7; 2.Mose 7,6-9; Hebr 13,20). Der Bund sowohl im Alten als auch im Neuen Testament ist Gottes freie Entscheidung, aus den Völkern der Welt ein Volk zu seinem besonderen Eigentum auszusondern, da er dessen Erlöser wird.

5. Die Briefe, die Gott schreibt

Als Gott seine Bünde im Alten Testament schloss, ging er eine Verpflichtung seinem Volk gegenüber ein und rief es auf, Gehorsam und Loyalität zu üben. Leider versagten sie, dieser Verpflichtung nachzukommen, und verwirkten so den Segen, den Gott denen versprochen hatte, die ihm treu sein würden. Der Neue, bereits im Alten Testament angekündigte Bund (Jer 31,31–34), ist uns sowohl von Gott gegeben als auch von Christus für uns erfüllt. Im Mittelpunkt steht der sühnende Tod des Sohnes Gottes. Beim letzten Abendmahl sprach der Herr Jesus über den Kelch, dass dieser der Neue Bund in seinem Blut sei, das ausgegossen ist für sein Volk (Lk 22,20). Aufgrund dieser Bündnisbeziehung erklärt Gott: „Ich will ihr Gott sein, und sie sollen mein Volk sein" (Hebr 8,10). Dieser Bund kann nie gebrochen werden, weil er vollständig auf dem sühnenden Opfer unseres Erlösers beruht, das Gottes ewigen Bund mit all denen besiegelt, die an seinen Sohn glauben. Paulus entfaltet die Herrlichkeit dieses Neuen Bundes später in dem Abschnitt, der in Kapitel 3,7 anfängt. Wir wollen an dieser Stelle drei Aussagen vorausschicken, die aufeinander aufbauen.

1. Der Neue Bund wird dargereicht, wo das Evangelium Christi verkündet wird (2,12).

Die Verkündigung des Evangeliums stand im Mittelpunkt alles dessen, was Paulus und seine Kollegen taten. Sie wussten, dass es „das Evangelium Christi" war (2,12). Es geht nur um ihn und den Weg, auf dem Gottes Gnade frei in Anspruch genommen werden kann durch das vollbrachte Erlösungswerk Christi am Kreuz. Der Dienst des Neuen Bundes ist synonym mit der Verkündigung des Evangeliums Christi. Im Evangelium wird verkündigt, dass Gott seine Verheißungen aus dem Alten Testament erfüllt hat, über einen Neuen Bund, der allen Menschen aus allen Völkern offen steht, die sich bußfertig ihm zuwenden und ihr Vertrauen auf den Messias und Erlöser, Jesus Christus, unseren Herrn, setzen.

Damit jedoch Männer und Frauen in diesen Neuen Bund eintreten können, muss ihnen das Evangelium verkündigt werden. Verkündigung legt darum die Betonung auf das „Gehen". Die Worte unseres Erlösers an seine Jünger waren: „Mir ist gegeben alle Gewalt im Himmel und auf Erden. Darum *gehet hin* und machet zu Jüngern alle Völker: Taufet sie auf den Namen des Vaters und des Sohnes und des Heiligen Geistes und lehret sie halten alles, was ich euch befohlen habe" (Mt 28,18-20; vgl. Mk 16,15).

So kam es, dass Paulus nach Troas ging, „zu predigen das Evangelium Christi" (2,12). Troas war eine Hafenstadt in der Nähe von Troja in der nordwestlichen Türkei, im nördlichen Kleinasien. Dort hatte Paulus seinen Traum von dem Mann aus Mazedonien (Apg 16,8-10), und dort holte er Eutychus auch wieder ins Leben zurück (Apg 20,5-11). Die Reise des Paulus nach Troas war eine Folge seines Gehorsams dem Auftrag seines Herrn gegenüber. Sein Ehrgeiz war es, „das Evangelium zu predigen, wo Christi Name noch nicht bekannt war, damit ich nicht auf einen fremden Grund baute" (Röm 15,20).

In dem Maß, wie die Kinder Gottes darauf vorbereitet werden, den letzten Auftrag des Sohnes, das Evangelium zu verkünden, auszuführen, so bereitet Gott auch den Weg für sie. Als Paulus in Troas ankam, stellte er fest, dass ihm eine Tür aufgetan worden war (2,12). Damit meinte er vermutlich, dass das Volk ihn willkommen hieß und ihm bereitwillig zuhörte. Wie in Philippi tat der Herr die Herzen der Menschen auf, damit sie das Evangelium annahmen. Wenn wir im Gehorsam Gott gegenüber Botschafter des Neuen Bundes sind, dürfen wir von ihm erwarten, dass er uns Türen öffnet.

Wir dürfen nicht vergessen, dass der Umstand für den Anfangsteil dieses Briefes von Paulus sein Anliegen ist, den Korinthern zu erklären, warum er sein Versprechen nicht halten und die Korinther nicht noch einmal besuchen konnte. Darum fühlt er sich verpflichtet, ausführlich die Gründe zu erläutern, warum er Troas verließ und weiter nach Mazedonien reiste. Er hatte nämlich erwartet, Titus in Troas zu finden, wurde jedoch enttäuscht (2,13). Er war Titus in großer Zuneigung zugetan – „mein Bruder" (2,13). Da er Titus in Troas nicht antraf, fand Paulus keine Ruhe zu bleiben, und so reiste er weiter nach Mazedonien. Zweifellos hoffte er, Titus dort zu finden. Manchmal werden wir daran gehindert, eine uns von Gott gegebene Gelegenheit für das Evangelium wahrzunehmen, weil wir innerlich keinen Frieden finden. Bestimmt waren die Gefühle des Paulus von seiner Sorge um Titus und den Wert ihrer Zusammenarbeit beeinflusst worden.

5. Die Briefe, die Gott schreibt

Trotzdem spricht Paulus an dieser Stelle Gott seinen Dank aus, weil er auch über unseren Enttäuschungen steht! William Cowper drückt dies in seinem Lied so treffend aus: „Hinter einer finsteren Vorsehung verbirgt er ein lächelndes Gesicht." Paulus hatte die Vorsehung Gottes ausreichend erfahren, um zu wissen, dass Gott auch durch unsere Enttäuschungen seine Pläne zum Ziel bringt.

Vers 14 ist aber nicht nur Ausdruck des Dankes, sondern auch ein Glaubensbekenntnis: „Gott aber sei gedankt, der uns allezeit Sieg gibt in Christus und offenbart den Wohlgeruch seiner Erkenntnis durch uns an allen Orten!" Wichtiger als menschliche Enttäuschungen, während wir das Evangelium gehorsam verkündigen, ist seine Ausbreitung. Die gute Nachricht zu verkünden, bedeutet, die Erkenntnis Christi zu verbreiten (2,14). Und wieder werden wir daran erinnert, dass es im Evangelium nur um Christus geht. Diese Erkenntnis hat einen sehr angenehmen und einzigartigen Wohlgeruch (2,14). Was auch immer den Dienern Gottes zustößt, Gott achtet darauf, dass sich durch ihre Erfahrungen, auch durch ihre Enttäuschungen, der Wohlgeruch seines Sohnes überall verbreitet.

Durch eine solche Verkündigung führt Gott uns zum „Sieg in Christus" (2,14). Die Korinther wussten über die römischen Triumphzüge Bescheid. Es waren Paraden zu Ehren von römischen Generälen, die außergewöhnliche Siege über ihre Feinde errungen hatten. Vielleicht hatten sie neue Länder für Rom erobert und kostbare Kriegsbeute mit nach Hause gebracht. Der erfolgreiche General fuhr in einem goldenen Wagen, begleitet von seinen Soldaten und den Gefangenen, die sie genommen hatten. Unser Herr Jesus hat durch seinen Tod am Kreuz und seine Auferstehung den Sieg über alle seine Feinde errungen. Wenn wir als seine Diener das Evangelium verkünden, das heißt, den Dienst des Neuen Bundes tun, verkündigen wir seinen Sieg und sammeln Menschen aller Nationen, die der Vater ihm versprochen hat.

Der Geruch (V. 14) und der Wohlgeruch (V. 15) sind Teil des Bildes. Während eines solchen römischen Triumphzuges füllten Priester Rauchfässer mit brennendem Weihrauch. Dies bedeutete Leben für die siegreichen Soldaten, weil sie Teil hatten am Triumph ihres Führers, aber für die Gefangenen bedeutete dies den Tod, die in die Arena gebracht wurden. Für diejenigen, die die Botschaft des Evangeliums annehmen, sind wir „der Wohlgeruch Christi", denn wir bringen ihnen die gute Nachricht von ihm, dem „Geruch des Lebens" (2,16). Aber für diejenigen, die ihn und seine gute Nachricht zurückweisen, bringen wir den Geruch des Todes. Ohne Christus zu sein, bedeutet, ohne Hoffnung in der Welt zu leben. Ihn zurückzuweisen, bedeutet, der Vernichtung preisgegeben zu sein.

Wenn man durch eine Straße läuft, kann ein besonders angenehmer Geruch einen dazu bringen, den Kopf zu drehen, um herauszufinden, woher er kommt. Unser Leben sollte einen solchen Wohlgeruch unseres Herrn Jesus tragen, sodass die Menschen gezwungen sind, sich nach der Quelle umzusehen. Bedeutsamerweise wird diese Aussage darüber, dass wir den Sieg erlangen, in den Zusammenhang mit Bedrängnis (1,8), Schwierigkeiten (1,8) und Todesangst (1,9) gestellt. Ein Wohlgeruch kann manchmal nur entstehen, wenn eine Frucht oder ein Kern zerdrückt wird.

Paulus hatte keinerlei Zweifel an der Verkündigung des Evangeliums und den Konsequenzen für die Ewigkeit. „Gott [...] der uns allezeit den Sieg gibt in Christus" (2,14), wenn wir sein Evangelium verkünden. Für einige wird dies die Errettung bedeuten, für andere den Tod und die ewige Trennung von Gott (2,16). Erlösung ist gleichbedeutend mit ewigem Leben (2,16). Wenn das Evangelium den Menschen treu verkündigt wird, und sie es zurückweisen, werden diejenigen, die es ihnen verkündigen, ihnen zu einem Geruch des Todes und nicht des Lebens (2,16). Kein Wunder, dass Paulus ausruft: „Wer aber ist dazu tüchtig?" (2,16). Wir tragen eine große Verantwortung, weil uns das Evangelium zum Wohle der Welt anvertraut wurde.

Drei Aspekte dieser Verantwortung sollen hier herausgegriffen werden: **Erstens, wir sollen als Menschen sprechen, die „in Christus" (2,17) sind.** Nichts hat mehr Bedeutung als unsere Einheit mit dem Herrn Jesus. Das gehört zum Wunder der Erlösung. Bei unserem Umgang mit anderen sollen wir aus unserer Einheit mit ihm und in Abhängigkeit von ihm sprechen. Vereint mit ihm teilen wir seinen Triumph bei der Verkündigung seines Evangeliums.

Unsere zweite Verantwortung ist gottesfürchtige Integrität – „aus Lauterkeit und aus Gott reden" (2,17). Gottesfurcht heißt zu tun, was richtig ist, allein auf Gottes Anerkennung bedacht. Wenn wir das Evangelium weitersagen, sollten wir nicht auf die Anerkennung der Menschen bedacht sein, sondern auf Gottes. Besonders relevant ist dies, wenn wir den Ernst der Sünde und das Urteil Gottes darüber erklären. Bei der Suche nach menschlicher Anerkennung könnten wir in Versuchung geraten, die ernsten und Ehrfurcht gebietenden Aspekte unseres Anliegens zu verwässern; aber nicht, wenn wir so sprechen, als ob Gott gegenwärtig wäre, und wenn wir darum bemüht sind, ihm zu gefallen mit dem, was wir sagen. Eine solche Entschlossenheit wird bedeuten, dass persönlicher Gewinn oder Vorteil bei unserer Verkündigung des Evangeliums keinen Raum haben.

Satan hat das Ziel, unsere besten Bemühungen zunichte zu machen. Er ermutigt die Menschen wo er kann, mit dem Wort Gottes um des eigenen Vorteils willen hausieren zu gehen (2,17). Zwar hat der Herr Jesus das Prinzip eingeführt, dass „ein Arbeiter seines Lohnes wert ist" (Lk 10,7; 1.Kor 9,14), doch das bedeutet nicht, dass wir das Wort Gottes für Geld anbieten sollen. Diejenigen, die sich darum bemühen, vor Gottes Augen richtig zu leben, tun dies nicht. Paulus hat deutlich gemacht, dass er nicht nach irgendeines Menschen Geld und Besitz strebt. Darum hat er mit seinen eigenen Händen gearbeitet, um seinen und den Lebensunterhalt seiner Gefährten bestreiten zu können. Er hat die Worte Jesu, dass „Geben seliger ist als nehmen" (Apg 20,33–35; vgl. 1.Thess 2,3–5) ausgelebt. Habsucht kann die besten Dinge zerstören, wie sowohl die Geschichte als auch die Erfahrung zeigen.

Drittens, wenn wir das Evangelium weitergeben, sollen wir als Gesandte Gottes sprechen. Die Autorität, mit der wir sprechen, ist nicht unsere eigene, sondern die Autorität Gottes. Wir sind nur Boten, aber wir müssen sicherstellen, dass wir die Botschaft genau weitergeben – wie Paulus den Ältesten in Ephesus erklärte – als „den ganzen Ratschluss Gottes" (Apg 20,27).

2. Wenn der Neue Bund dargereicht wird – das Evangelium verkündigt wird –, entsteht Frucht im Leben der Menschen. Veränderungen im Leben der Menschen bestätigen die Botschaft und den Botschafter (3,1–3).

Hintergrund für diese Erklärung ist die Tatsache, dass das Apostelamt des Paulus infrage gestellt wurde. Wie bereits angedeutet, hatten einige in Korinth die Echtheit seines Apostelamtes angezweifelt. Seine Beziehung zu den Korinthern war zeitweise recht zerbrechlich. Sie neigten dazu, ihre besondere Beziehung zu Paulus und die Bestätigungen seines Apostelamtes, die sie erlebt hatten, zu vergessen.

Während vieles von dem, was Paulus schreibt, solche Fragen beantwortet, gibt er zu, dass Selbstlob keinen Platz im christlichen Leben hat. Wir sollten Menschen, die sich selbst loben, mit Misstrauen begegnen. Das gehört nicht zum Wesen eines Christen, da es dem Vorbild unseres Herrn Jesus widerspricht. Wenn Anerkennung überhaupt einen Platz hat, dann wenn sie von anderen kommt, nicht von uns selbst (3,1; vgl. Röm 16,1).

Die beste Empfehlung für die Diener des Evangeliums ist das veränderte Leben derer, die es durch sie angenommen haben. Ihr Leben wird dann zu einem Brief (3,2). Zum einen sind sie Briefe, geschrieben auf die Herzen der Botschafter (3,2). Ihre Bekehrung erfreut ihre Herzen und bestätigt und erneuert ihren Ruf, das Evangelium zu verkündigen. Zum anderen wird das umgestaltete Leben derer, die das Evangelium angenommen haben, zu einem Brief, den alle überprüfen können. Was das Evangelium für die Menschen tut, ist so bemerkenswert, dass ihr Leben zu einem offenen Brief wird, in dem die Macht und Gnade Gottes sichtbar werden.

Falls ein Empfehlungsbrief für Paulus und seine Mitarbeiter überhaupt notwendig war, dann konnte das veränderte Leben der Korinther als ein solcher angesehen werden! Sie waren Briefe, nicht mit Tinte auf Papier, sondern vom Heiligen Geist auf die Herzen der Menschen geschrieben (3,3). Dort wirkt der Heilige Geist, und die Veränderung, die sich im Leben und Verhalten einstellt, kommt aus einem veränderten Herzen. Der Heilige Geist schreibt sein Zeugnis von der Macht Gottes nicht auf Steintafeln, sondern auf die Tafeln menschlicher Herzen. Das Neue Testament gibt uns anschauliche und aufschlussreiche Beispiele für das, was die Gemeinde in der Welt sein soll, und dies ist eines davon. Die Gemeinde gleicht einem persönlichen Brief, den unser Herr Jesus Christus an die Welt schickt, und in dem er erklärt, was er im Leben der Menschen tun kann. Ein echtes christliches Zeugnis ist das Zeugnis von veränderten Männern und Frauen. Unser Leben sollte wie ein offener Brief sein, den jeder lesen kann, in dem wir Zeugnis geben von der Macht unseres Erlösers (3,2).

Angriffe auf sein Apostelamt brachten Paulus dazu, dieses Bild zu gebrauchen. Gewöhnliche menschliche Empfehlungsbriefe reichten nicht aus, um Menschen von der Rechtmäßigkeit seines Apostelamtes zu überzeugen. Er benötigte diese auch nicht, und er brauchte sich auch nicht selbst zu verteidigen. Der christliche Dienst wird nicht durch ein von Menschen ausgestelltes Zeugnis bestätigt, sondern durch seine geistliche Frucht. Die Christen in Korinth waren daher der „Empfehlungsbrief" des Paulus und seiner Mitarbeiter (3,2).

Alle, die im Dienst des Neuen Bundes arbeiten, empfangen eine göttliche Bestätigung ihrer Berufung. Wir sollen dieses Vertrauen durch Christus vor Gott haben (3,4). Das ist etwas ganz anderes als Selbstvertrauen. Gott selbst macht uns zu fähigen Dienern des Neuen Bundes, und er gibt uns Zuversicht (3,5). Wenn wir unsere eigene Unzulänglichkeit anerkennen, dann können wir Gott als die Quelle unserer Zulänglichkeit entdecken. Er macht uns fähig, „nicht des Buchstabens, sondern des Geistes. Denn der Buchstabe tötet, aber der Geist macht lebendig" (3,6). Das Gesetz, das heißt „der Buchstabe", kann uns nur verdammen, aber der Neue Bund in Christus gibt Leben durch den Geist. Das geschriebene Gesetz wird nicht ersetzt, aber der Geist gibt Macht, das zu tun, was Gott von uns möchte. Das Werk des Heiligen Geistes ist wesentlich für den Neuen Bund und für unsere Verkündigung des Evangeliums. Geistliches Leben – Wiedergeburt – ist die Frucht, die dieser Bund hervorbringt. Sie tritt zu Tage, wenn Menschen die gute Nachricht des Herrn Jesus annehmen. Dieser Neue Bund bringt nicht Gesetzlichkeit, sondern Freiheit und Leben hervor (3,6). Wer würde an diesem Dienst nicht teilhaben wollen? Es ist unser großes Privileg und Gottes Ruf an uns in seinem Sohn.

3. Um einen solchen Dienst auszuüben, muss unser Herr Jesus Christus im Mittelpunkt stehen.

Wo wir in diesem Abschnitt auch hinschauen, der Herr Jesus steht im Mittelpunkt. Er ist das Zentrum, in dem sich die Verheißungen Gottes und unser Glaube treffen. Es ist *sein* Evangelium (2,12). Gott hat uns zum Sieg *in Christus* (2,14) geführt. Durch uns, sein Volk, breitet Gott überall *den Wohlgeruch der Erkenntnis Christi* (2,14) aus. Wir sind *der Wohlgeruch Christi* in der Welt (2,15). *In Christus* reden wir vor Gott *aus Lauterkeit* (2,17). Die eigentlichen Folgen unseres Dienstes sind Briefe *Christi* (3,3), das heißt, das veränderte Leben verkündet Nachrichten und Wahrheiten *über ihn*. Unsere Zuversicht für diesen wundervollen Dienst bekommen wir *durch Christus* (3,4). Wir nehmen daher Notiz davon, dass „Satan sich um nichts so sehr bemüht, wie Nebel aufkommen zu lassen, um Christus zu verschleiern; denn er weiß, dass auf diese Weise der Weg für jede Art der Falschheit geebnet wird" (Johannes Calvin[3]).

Die alte Maxime ist noch immer wahr:

„Was hältst du von Christus?" ist der Test, der sowohl deinen Zustand als auch dein Lebensziel überprüft. Du kannst nicht richtig liegen,wenn du nicht richtig von ihm denkst.

Vertiefen und anwenden:

1. Wie öffnet Gott Türen für uns, das Evangelium anderen weiterzusagen?
2. Kennen Sie Christen, deren Leben den Wohlgeruch des Herrn Jesus trägt? Sie brauchen die Namen nicht zu nennen. Was zeichnet sie aus?
3. Welche bitteren Erfahrungen im Leben eines Christen können einen bestimmten Wohlgeruch Christi hervorbringen? Eine Frucht zum Beispiel verströmt ihren Duft häufig erst, wenn sie oder ihr Kern zerdrückt wird.
4. Wenn Sie einem Evangelisten zuhören, vielleicht mit der Absicht, ihn in Ihre Gemeinde einzuladen, worauf würden Sie bei seiner Botschaft, seinem Charakter und seinem Ruf achten?

---

[3] Johannes Calvin (1509–1564) gehört der zweiten Generation von Reformatoren an. Seine bekannteste Schrift ist die *Institutio Christianae Religionis* (Unterricht in der christlichen Religion).

Notizen:

6.
Die Herrlichkeit des Neuen Bundes

2. Korinther 3,7-18

Ziel

> Das unschätzbare Vorrecht erkennen, unter dem Neuen Bund Gottes zu leben und nicht mehr unter dem Alten Bund.

Wenn aber schon das Amt, das den Tod bringt und das mit Buchstaben in Stein gehauen war, Herrlichkeit hatte, sodass die Israeliten das Angesicht des Mose nicht ansehen konnten wegen der Herrlichkeit auf seinem Angesicht, die doch aufhörte, wie sollte nicht viel mehr das Amt, das den Geist gibt, Herrlichkeit haben? Denn wenn das Amt, das zur Verdammnis führt, Herrlichkeit hatte, wie viel mehr hat das Amt, das zur Gerechtigkeit führt, überschwängliche Herrlichkeit. Ja, jene Herrlichkeit ist nicht für Herrlichkeit zu achten gegenüber dieser überschwänglichen Herrlichkeit. Denn wenn das Herrlichkeit hatte, was aufhört, wie viel mehr wird das Herrlichkeit haben, was bleibt. Weil wir nun solche Hoffnung haben, sind wir voll großer Zuversicht und tun nicht wie Mose, der eine Decke vor sein Angesicht hängte, damit die Israeliten nicht sehen konnten das

> *Ende der Herrlichkeit, die aufhört. Aber ihre Sinne wurden verstockt. Denn bis auf den heutigen Tag bleibt diese Decke unaufgedeckt über dem Alten Testament, wenn sie es lesen, weil sie nur in Christus abgetan wird. Aber bis auf den heutigen Tag, wenn Mose gelesen wird, hängt die Decke vor ihrem Herzen. Wenn Israel aber sich bekehrt zu dem Herrn, so wird die Decke abgetan. Der Herr ist Geist; wo aber der Geist des Herrn ist, da ist Freiheit. Nun aber schauen wir alle mit aufgedecktem Angesicht die Herrlichkeit des Herrn wie in einem Spiegel, und wir werden verklärt in sein Bild von einer Herrlichkeit zur andern von dem Herrn, der Geist ist.*
>
> 3,7–18

Im Rahmen eines Schulprojekts könnte von den Schülern gefordert werden, dass sie ihre Großeltern und andere ältere Leute fragen, wie ihre Kindheit während des Zweiten Weltkriegs ausgesehen hat. Dies ist nützlich für das Studium der Geschichte, und es hilft auch denen, die nur Friedenszeiten erlebt haben, ein wenig zu würdigen, was es bedeutete, in Kriegszeiten zu leben. Da wir nach dem Kommen Jesu in diese Welt und der Aufrichtung des Neuen Bundes leben, fällt es uns schwer, umfassend zu begreifen, wie das Leben vor diesem großen Ereignis ausgesehen haben muss – in der Zeit des Alten Bundes. Paulus stellt hier einen Vergleich zwischen dem Alten und dem Neuen Bund an, um die überlegene Natur und Herrlichkeit des Neuen zu demonstrieren. Nachdem er festgestellt hat, dass Gott uns tüchtig gemacht hat „zu Dienern des Neuen Bundes" (V. 6), erklärt er nun dessen Herrlichkeit. Der Vergleich ist ein beliebtes Mittel, um die Vorzüge von etwas Bestimmten herauszustellen, vor allem, wenn wir die radikalen Unterschiede aufzeigen wollen. Paulus stellt vier Vergleiche an.

Der erste Vergleich:
Der Alte Bund brachte Tod und Verdammnis, während der Neue Bund Leben und Gerechtigkeit hervorbringt (V. 7-9).

Die Grundlage des Alten Bundes war, dass Gott sein Gesetz gegeben hat. Dieses Gesetz ist eine vollkommene Widerspiegelung seines gerechten und heiligen Wesens. Wie Jesaja erklärt: „Dem Herrn hat es gefallen um seiner Gerechtigkeit willen, dass er sein Gesetz herrlich und groß mache" (Jes 42,21). Gott hat sein Gesetz nicht als ein unüberwindliches Hindernis gegeben, um uns daran zu hindern, Gerechtigkeit und ewiges Leben zu erlangen. Vielmehr hat er es gegeben, weil es vollkommen seine Natur offenbart und widerspiegelt. Unsere Aufgabe ist es, ihm zu gehorchen. Die Verheißung des ewigen Lebens wurde denen gegeben, die es erfüllen. Gott sagte: „Darum sollt ihr meine Satzungen halten und meine Rechte. Denn der Mensch, der sie tut, wird durch sie leben" (3.Mose 18,5). Die Geschichte und die persönliche Erfahrung zeigen die Unmöglichkeit, Gottes Gesetz vollkommen Gehorsam entgegenzubringen. Darum haben wir Gottes Strafe und Verurteilung verdient – wir haben den Tod verdient. Der „Dienst" des Alten Bundes brachte darum „den Tod" (V. 7). „Mit Buchstaben in Stein gehauen" und mit „Herrlichkeit" gekleidet, wie es war, brachte es die Gewalt und Herrschaft des Todes hervor, weil wir es nicht halten können. Die Geradlinigkeit des Gesetzes zeigt, wie verbogen wir sind (Gal 3,24). Der Beweis, den das Gesetz für unsere Sündhaftigkeit erbringt, ist jedoch wichtig für unsere Erfahrung als Christ, da die Nadel des Gesetzes den Weg für den Faden des Evangeliums ebnet.

Das Gesetz zeigt uns von daher, wie sehr wir das Evangelium des Neuen Bundes brauchen. Alle, die sich bemühen, Gottes Gesetz zu erfüllen, um von ihm angenommen zu werden, werden bald erkennen, dass das nicht möglich ist. Darum, das Wunder des Neuen Bundes besteht darin: Was unser Herr Jesus durch sein Erlösungswerk am Kreuz vollbracht hat, markiert das Ende der Anstrengung für alle diejenigen, die an ihn glauben, durch das Erfüllen des Gesetzes gerecht zu werden (siehe zum Beispiel Röm 10,4). Gott selbst hat durch das sühnende Werk seines Sohnes alles zwischen ihm und uns in Ordnung gebracht, indem er uns Christi Gerechtigkeit zurechnet – die tatsächliche Gerechtigkeit seines Sohnes (V. 9; vgl. Phil 3,9). Um die vertraute Beschreibung des Neuen Testaments zu verwenden: Wir sind „in Christus". Der Herr Jesus hat alles, was zu unserer Rechtfertigung vor Gott nötig war, dadurch vollbracht, dass uns seine Gerechtigkeit zugerechnet wird. Als Konsequenz sind wir von der Herrschaft des Todes befreit und leben nun im Reich des Leben gebenden Geistes.

Der zweite Vergleich:
Die Herrlichkeit des Alten Bundes vergeht, während die des Neuen Bundes Bestand hat (V. 10.11).

Um diesen zweiten Vergleich richtig zu verstehen und zu schätzen, müssen wir uns dem Alten Testament zuwenden. Der Alte Bund wurde Mose gegeben für das Volk, als Gott ihm sein Gesetz gab. Damit verbunden: „Herrlichkeit" (V. 7). Wichtige Ereignisse gingen ihm voraus und begleiteten ihn. Kapitel 24 des zweiten Buches Mose beginnt mit den Worten: „Und zu Mose sprach er (der Herr): Steig herauf zum Herrn, du und Aaron, Nadab und Abihu und siebzig von den Ältesten Israels, und betet an von ferne. Aber Mose allein nahe sich zum Herrn und lasse jene sich nicht nahen, und das Volk komme auch nicht mit ihm herauf" (24,1.2). Der Alte Bund offenbarte Gottes Heiligkeit in einem gerechten Maßstab des Gesetzes, sodass die, die es erhalten, feierlich angeordnet werden, es zu halten.

Die Gesetzgebung war ein wesentlicher Teil des Alten Bundes, den Gott mit Israel geschlossen hat. Im Zentrum stand das, was wir als die Zehn Gebote kennen. In diesen zehn großen Geboten – und in unzähligen geringeren – wird das Verhalten dargelegt, das Gott von Israel in dieser Bündnisbeziehung erwartete. Auch wird darin niedergelegt, welche Flüche auf sie warteten, wenn sie diese Bedingungen brechen, aber auch der Segen, der ihnen zuteil würde, wenn sie die Bedingungen erfüllen. Sehr gewissenhaft gab Mose *alle* Worte und Gesetze des Herrn an das Volk weiter (2.Mose 24,3). Er schrieb *alles* auf, was der Herr gesagt hatte (2.Mose 24,4). Der Alte Bund wurde auf der Annahme des Gehorsams des Volkes gegründet, eines Gehorsams, den sie versprochen hatten (2.Mose 24,3).

6. Die Herrlichkeit des Neuen Bundes

Die Bedeutung der Bündnisbeziehung wurde auf zweierlei Weise unterstrichen. Erstens, das Bundesverhältnis musste niedergeschrieben werden. Deshalb haben wir das *Buch des Bundes* (2.Mose 24,7) – die Aufzeichnung all dessen, was Gott gesagt und für diese Bundesbeziehung festgelegt hatte.

Zweitens, die Bundesbeziehung musste versiegelt oder bestätigt werden – darum haben wir das *Blut des Bundes* (2.Mose 24,8). Unmittelbar nachdem er alles niedergeschrieben hatte, was der Herr gesagt hatte, baute Mose „einen Altar unten am Berge und zwölf Steinmahle nach den zwölf Stämmen Israels und sandte junge Männer von den Israeliten hin, dass sie darauf dem Herrn Brandopfer opferten und Dankopfer von jungen Stieren. Und Mose nahm die Hälfte des Blutes und goss es in die Becken, die andere Hälfte aber sprengte er an den Altar. Und er nahm das Buch des Bundes und las es vor den Ohren des Volks. Und sie sprachen: Alles, was der Herr gesagt hat, wollen wir tun und darauf hören. Da nahm Mose das Blut und besprengte das Volk damit und sprach: Seht, das ist das Blut des Bundes, den der Herr mit euch geschlossen hat aufgrund aller dieser Worte" (2.Mose 24,4-8).

Blutrituale gehörten zu den meisten Formen von Bündnissen. Noch immer gibt es diese Sitte in Kulturen, wo „Blutsbrüderschaft" geschlossen wird, indem sich das Blut von zwei Personen vermischt.

Im zweiten Buch Mose wird keine Erklärung für das Blutritual gegeben, darum können wir seine Bedeutung nur vermuten. Vielleicht wurden Gott und das Volk gesehen als „von einem Blut" und vielleicht hatte sich Gott selbst zu ihrem „Vater" und „Erlöser" erklärt. Oder das Blutritual bedeutete, dass das Volk den Tod auf sich herabbeschwöre, falls der Bund nicht gehalten würde. Wir wissen es nicht. Damit das Volk nicht vergessen würde, was Gott ihnen durch sein Gesetz und seine Verheißungen geschenkt hatte, gab er ihnen das Gesetz auf zwei Steintafeln (2.Mose 24,12-18), die an anderer Stelle die „Tafeln des Bundes" genannt werden (5.Mose 9,9).

Die Herrlichkeit Gottes ließ sich bei der Gesetzgebung auf dem Berg Sinai nieder, symbolisiert durch die Wolke, die ihn verhüllte (2.Mose 24,16). Die Herrlichkeit Gottes sah aus wie ein verzehrendes Feuer auf dem Gipfel des Berges (2.Mose 24,17). Der Alte Bund war ein Zwei-Parteien-Bund. Gott hatte seinen Anteil daran, seine Bedingungen zu erfüllen, und die Israeliten hatten ihren Anteil. Von Anfang an war klar, dass die Israeliten, sollten sie ihren Teil des Bündnisses nicht erfüllen und seinen Ansprüchen nicht genügen, nicht nur den Segen verwirken würden, den Gott ihnen versprochen hatte, sie würden auch ihre Beziehung zu ihm ruinieren, und sie würden seine Flüche auf sich herabbeschwören. Und leider haben sie genau das getan.

Etwas Erstaunliches geschah beim Bundesschluss. Das Gesicht von Mose leuchtete von der Widerspiegelung der Herrlichkeit Gottes (V. 7.8). Die Herrlichkeit, die sich in seinem Gesicht widerspiegelte, deutet hin auf die Herrlichkeit des Geschenks, das Gott den Israeliten in seinem Gesetz und seinem Bund gemacht hatte. Mose bekam dieses Geschenk stellvertretend für das Volk. Die Herrlichkeit, die sich in seinem Gesicht zeigt, verblasste jedoch, genau wie die Herrlichkeit des Gesetzes, da es dazu diente, Männer und Frauen wegen ihres Ungehorsams zu verurteilen (V. 9). Trotzdem ist die Herrlichkeit des Gesetzes groß. Es war und ist eine unschätzbare Gabe. Wo ständen wir ohne das Gesetz in unserem Verständnis Gottes und welches Verhalten seinen Geschöpfen angemessen ist?

Wir kommen nun zum Wesen dieses zweiten Vergleiches (V. 9–11): „Denn wenn das Amt, das zu Verdammnis führt, Herrlichkeit hatte, wie viel mehr hat das Amt, das zur Gerechtigkeit führt, überschwängliche Herrlichkeit. Ja, jene Herrlichkeit ist nicht für Herrlichkeit zu achten gegenüber dieser überschwänglichen Herrlichkeit."

Was im Alten Bund herrlich war, hat keine Herrlichkeit im Vergleich zu der überschwänglichen Herrlichkeit des Neuen Bundes (V. 10). Nicht dass der Alte Bund keine Herrlichkeit gehabt hätte, aber im Vergleich zu dem Neuen *scheint* es so, als hätte er keine gehabt! Die Herrlichkeit des Neuen Bundes ist eine *überschwängliche* Herrlichkeit (V. 10). Der Alte Bund war eine vorübergehende Vereinbarung, während der Neue ewig ist (V. 11). Die Gerechtigkeit Gottes wird uns durch den Glauben an den Herrn Jesus für immer zugerechnet. Das Blut des Herrn Jesus, durch das wir gerettet wurden, ist das „Blut des ewigen Bundes" (Hebr 13,20).

Die verblassende Herrlichkeit des Alten Bundes wurde darum durch die verblassende Herrlichkeit, die sich auf Moses Gesicht widerspiegelte, verdeutlicht (V. 13). Er legte eine Decke über sein Gesicht, damit die Israeliten es nicht sahen, während das Strahlen allmählich verblasste. Sein Handeln symbolisierte die verblassende Herrlichkeit des Alten Bundes (V. 13).

Der dritte Vergleich:
Der Alte Bund brachte Verzweiflung, Furcht und Gebundenheit, während der Neue Hoffnung, Zuversicht und Freiheit bringt (V. 12–15).

Zahllose Männer und Frauen haben sich im Laufe der Jahrhunderte mit all ihrer Kraft darum bemüht, mit Gott durch vollkommenen Gehorsam gegenüber seinem Gesetz ins Reine zu kommen. Theoretisch sind diese Bemühungen viel versprechend, aber in der Praxis zeigt sich die Unmöglichkeit dieses Unterfangens. Als Konsequenz schüren solche Bemühungen die Verzweiflung. Je mehr wir es versuchen, desto deutlicher tritt unser Versagen zu Tage. Mit Versagen und Verzweiflung kommen Furcht und Gebundenheit. Die Furcht ist die Furcht vor dem Gericht. „Jeder, der sündigt, soll sterben" (Hes 18,4), so heißt es im Alten Testament. Nach dem Tod kommt das Gericht, und Sünder haben keine Hoffnung, von Gott im Jüngsten Gericht angenommen zu werden, wenn sie ihr Vertrauen auf ihre eigene Leistung gesetzt haben.

Wir fragen uns vielleicht: „Wenn der Alte Bund so viel Verzweiflung, Furcht und Gebundenheit brachte, was ist dann mit Menschen wie Abraham, David und all den anderen, in Hebräer 11 aufgelisteten Helden des Alten Testaments?" Die Antwort ist einfach und tief gehend. Gott ist nicht erst seit der Geburt unseres Erlösers ein Gott der Gnade. Gnade ist ein wesentlicher Aspekt seines ewigen Charakters. Er war immer so, und schon in dem Augenblick von Adams und Evas Rebellion gab er die gnädige Verheißung eines Erlösers (1.Mose 3,15).

In den folgenden Jahrhunderten machte Gott den Israeliten klar, dass sie Vergebung brauchten und dass er sie ihnen durch Sühnung gewähren würde. Er führte das Opfersystem ein, das letztlich auf den Herrn Jesus als das Lamm Gottes hinwies. Die ersten Verheißungen waren darauf aufgebaut und dem hinzugefügt worden, bis das Wunder des Planes Gottes in Prophezeiungen wie in Jesaja 53 sichtbar wurde. Menschen wie Abraham und David glaubten Gott und seinen Verheißungen (Röm 4,1-8). In Buße und Glauben brachten sie Gott gehorsam die geforderten Opfer dar, und sicherlich spürten sie manchmal auch, dass diese Opfer nur der Schatten einer weit größeren Realität sein mussten. Gott machte sie in seiner Gnade ihrer Annahme bewusst. Gottes Verheißungen an sie waren real, aber Besseres und Größeres würde kommen.

Wie unterschiedlich sind im Vergleich die Verheißungen für die, die zum Neuen Bund gehören! Wir haben Hoffnung (V. 12), das heißt Zuversicht und Gewissheit für die Zukunft. Die Herrlichkeit dessen, was wir jetzt im Herrn Jesus besitzen, hat Bestand (V. 11). Wie Paulus es an anderer Stelle ausdrückte: „Und rühmen uns der Hoffnung der zukünftigen Herrlichkeit, die Gott geben wird" (Röm 5,2). Wir werden die Herrlichkeit unseres Erlösers sehen und daran teilhaben! „Wir sind schon Gottes Kinder; es ist aber noch nicht offenbar geworden, was wir sein werden. Wir wissen aber: wenn es offenbar wird, werden wir ihm gleich sein; denn wir werden ihn sehen, wie er ist" (1.Joh 3,2).

Mit einer solch herrlichen Hoffnung gewinnen wir Zuversicht (V. 12) – die Zuversicht der Kinder Gottes im Gebet. Wir brauchen nicht daran zu zweifeln, dass Gott uns angenommen hat; wir dürfen dessen gewiss sein. Er nimmt uns nicht um unsertwillen an, sondern um seines Sohnes willen. „Den [den Eingang ins Heiligtum] er uns aufgetan hat als neuen und lebendigen Weg durch den Vorhang, das ist: durch das Opfer seines Leibes, und haben einen Hohenpriester über das Haus Gottes" (Hebr 10,20.21). Der Heilige Geist macht uns Mut, mit Zuversicht zu rufen: „Abba, lieber Vater." Die von ihm inspirierte Bibel fordert uns auf: „Darum lasst uns hinzutreten mit Zuversicht zu dem Thron der Gnade, damit wir Barmherzigkeit empfangen und Gnade finden zu der Zeit, wenn wir Hilfe nötig haben" (Hebr 4,16). Unsere eigene ehrfürchtige Zuversicht vor Gott versetzt uns in die Lage, vor den Menschen in der Welt ein zuversichtliches Zeugnis ablegen zu können (vgl. Apg 4,31). Wenn wir erwartungsvoll im Gebet vor Gott treten, dann verlieren wir unsere Furcht vor der Welt.

Der vierte Vergleich:
Der Alte Bund konnte die Menschen nicht einmal befähigen, Mose ins Angesicht zu sehen, das die Herrlichkeit Gottes widerspiegelte; während der Neue Bund uns befähigt, die Herrlichkeit Christi zu sehen und uns von ihr umgestalten zu lassen.

Dieser herrliche Vorteil des Neuen Bundes übersteigt unser Fassungsvermögen. Paulus bezieht sich auf das, was im zweiten Buch Mose zu lesen ist. Moses Gesicht strahlte von der Herrlichkeit Gottes, als er das Gesetz empfing (2.Mose 34,29.30.33.35). Die Israeliten dagegen konnten sein Gesicht nicht ansehen, obwohl seine Herrlichkeit verblasste (2.Kor 3,7).

Bevor er jedoch in seinem Vergleich fortfährt, hält Paulus einen Augenblick inne, um die Stellung der Juden zu erklären, die außerhalb des Neuen Bundes stehen. Jeder wahre Jude sehnt sich nach der Erfüllung der göttlichen Verheißungen eines Neuen Bundes (Jer 31,31-34) und das Kommen des Messias, durch den dies geschehen wird. Leider hat die Mehrheit des ersten und der nachfolgenden Jahrhunderte die Erfüllung dieser Verheißungen im Kommen des Herrn Jesus nicht erkannt.

Paulus greift das Bild der Decke auf, mit dem Mose sein Gesicht verdeckte, um die Stellung der Juden zu verdeutlichen, die noch nicht an den Herrn Jesus als ihren Messias und Erlöser glauben. Wie die Decke, die Mose über sein Gesicht gelegt hatte, um es vor den Israeliten zu verbergen, liegt eine Decke über ihren Herzen, wenn der Alte Bund vorgelesen wird (V. 15), sodass sie die Wahrheit ihrer Situation nicht anerkennen. Sie setzen bedenkenlos ihre Zuversicht auf ihren orthodoxen Glauben oder ihren Gehorsam, anstatt dem Sohn Gottes zu vertrauen. Solange die Decke noch da ist, bleiben ihre Sinne verstockt (V. 14). Die Decke wird erst weggenommen, wenn sie umkehren und sich dem Herrn zuwenden (V. 16). Der Heilige Geist ist es, der im Herzen der Menschen wirkt und ihnen die Decke wegnimmt (V. 16.17). Er hat immer seinen Anteil daran, wenn Menschen sich zum Herrn bekehren. Bei unserem Gebet für Israel sollten wir dafür beten, dass die Decke weggenommen wird und sie sehend werden (V. 16).

Wir müssen nun zu dem Vergleich zurückkehren. Wenn die Decke vom Heiligen Geist von unseren Herzen weggenommen wird, zeigt er uns die Herrlichkeit des Herrn Jesus. Wie Paulus im folgenden Kapitel erklärt, hat Gott, der gesagt hat: „Licht soll aus der Finsternis hervorleuchten", einen hellen Schein „in unsere Herzen gegeben, dass durch uns entstünde die Erleuchtung zur Erkenntnis der Herrlichkeit Gottes in dem Angesicht Jesu Christi" (2.Kor 4,6). Der Herr Jesus lässt uns auf einzigartige Weise mit den Augen des Herzens die Herrlichkeit Gottes sehen, und wir sind davon bezaubert und gebannt.

Unter dem Alten Bund konnten die Menschen nicht einmal Gottes reflektierte Herrlichkeit im Angesicht Moses ansehen. Unter dem Neuen Bund dürfen wir in vollkommener Freiheit auf die Herrlichkeit Gottes im Angesicht unseres Erlösers sehen. Gott der Heilige Geist lenkt unseren Blick nur zu gern auf den Herrn Jesus, sodass wir ihn sehen.

Sehen ist eine Art des Werdens. Während wir den Herrn Jesus ansehen, geschieht ein herrliches Wunder: Wir werden ihm im Wesen ähnlicher. Unser Leben soll heller und attraktiver werden, während wir ihm immer ähnlicher werden (V. 18). Auf diese Weise spiegeln wir seine Herrlichkeit wider. Die Herrlichkeit des Neuen Bundes ist, dass unsere Widerspiegelung der Herrlichkeit des Herrn das Potenzial hat, immer mehr zu werden, im Gegensatz zu der verblassenden Herrlichkeit des Alten Bundes.

So vertraut, wie wir mit beiden Teilen der Bibel sind – dem Alten und dem Neuen Testament (d.h. den Bünden) –, übersehen wir vielleicht viel zu leicht, wie groß das Wunder ist, dass wir unter dem Neuen leben. Beim letzten Abendmahl nahm der Herr Jesus den Wein und sagte: „Dieser Kelch ist der Neue Bund in meinem Blut, das für euch vergossen wird" (Lk 22,20). Die Verheißung aus Jeremia 31,31-34 fand ihre Erfüllung auf Golgatha. Beim Abendmahl werden wir daran erinnert, wie wichtig es ist, dass wir diesen Neuen Bund regelmäßig verkündigen.

Vertiefen und anwenden:

1. Inwiefern offenbaren und reflektieren die Zehn Gebote das Wesen Gottes?

2. Wie gebraucht Gott sein Gesetz, um uns zu Christus zu bringen? Oder, anders ausgedrückt, inwiefern gebraucht Gott die Nadel des Gesetzes, um Platz zu machen für den Faden des Evangeliums?
3. Wie wichtig ist die Lehre der Zehn Gebote, erstens für die Christen und zweitens für die Ungläubigen?
4. Unsere Gebete als Gläubige sollten sowohl durch Ehrfurcht als auch durch Mut gekennzeichnet sein. Besteht ein möglicher Konflikt zwischen diesen beiden? Begründen Sie Ihre Antworten.
5. Welche Hilfe gibt uns dieser Abschnitt bei unseren Gebeten für das jüdische Volk?
6. Was erfahren wir in diesem Abschnitt über das Werk des Heiligen Geistes?
7. Wie erreicht Gott in uns eine zunehmende Ähnlichkeit zum Herrn Jesus?

Notizen:

7.
Warum wir nicht aufgeben

2. Korinther 4,1-18

Ziel

> Allgemeine Ursachen für Entmutigung in der Ausführung unseres Auftrages erkennen, und gleichzeitig erkennen, dass diese Entmutigungen für uns kein Grund zum Aufgeben sind.

Darum, weil wir dieses Amt haben nach der Barmherzigkeit, die uns widerfahren ist, werden wir nicht müde, sondern wir meiden schändliche Heimlichkeit und gehen nicht mit List um, fälschen auch nicht Gottes Wort, sondern durch Offenbarung der Wahrheit empfehlen wir uns dem Gewissen aller Menschen vor Gott. Ist nun aber unser Evangelium verdeckt, so ist's denen verdeckt, die verloren werden, den Ungläubigen, denen der Gott dieser Welt den Sinn verblendet hat, dass sie nicht sehen das helle Licht des Evangeliums von der Herrlichkeit Christi, welcher ist das Ebenbild Gottes. Denn wir predigen nicht uns selbst, sondern Jesus Christus, dass er der Herr ist, wir aber eure Knechte um Jesu willen. Denn Gott, der sprach: Licht soll aus der Finsternis hervorleuchten, der hat einen hellen Schein in unsre Herzen gegeben, dass durch uns entstünde die Erleuchtung zur Erkenntnis der Herrlichkeit Gottes in dem Angesicht Jesu Christi. Wir haben aber diesen Schatz in irdenen Gefäßen, damit die überschwängliche Kraft von Gott sei und nicht von uns. Wir sind von allen Seiten bedrängt, aber wir ängstigen uns nicht. Uns ist bange, aber wir verzagen nicht. Wir leiden Verfolgung, aber wir werden nicht verlassen. Wir werden unterdrückt, aber wir kommen nicht um. Wir tragen allezeit das Sterben Jesu an unserm Leibe, damit auch das Leben Jesu an unserm Leibe offenbar werde. Denn wir, die wir leben, werden immerdar in den Tod gegeben um Jesu willen, damit auch das Leben Jesu offenbar werde an unserm sterblichen Fleisch. So ist nun der Tod mächtig in uns, aber das Leben in euch. Weil wir aber denselben Geist des Glaubens haben, wie geschrieben steht (Ps 116,10): „Ich glaube, darum rede ich", so glauben wir auch, darum reden wir auch; denn wir wissen, dass der, der den Herrn Jesus auferweckt hat, wird uns auch auferwecken mit Jesus und wird uns vor sich stellen samt euch. Denn es geschieht alles um euretwillen, damit die überschwängliche Gnade durch die Danksagung vieler noch reicher werde zur Ehre Gottes. Darum werden wir nicht müde; sondern wenn auch unser äußerer Mensch verfällt, so wird doch der innere von Tag zu Tag erneuert. Denn unsre Trübsal, die zeitlich und leicht ist, schafft eine ewige und über alle Maßen gewichtige Herrlichkeit, uns, die wir nicht sehen auf das Sichtbare, sondern auf das Unsichtbare. Denn was sichtbar ist, das ist zeitlich; was aber unsichtbar ist, das ist ewig.

4,1–18

Der zweite Korintherbrief ist der persönlichste aller Briefe des Paulus: Darin offenbart er seine Gefühle mehr als in allen anderen. Der Brief zeigt, dass Missverständnisse seine Beziehung zu den Korinthern überschatten und ihn sehr traurig gemacht hatten. Paulus war sehr entmutigt. Trotzdem gab er nicht auf! Er erklärt, warum er und seine Gefährten trotz vieler Hindernisse durchhielten.

„Darum, weil wir dieses Amt haben nach der Barmherzigkeit, die uns widerfahren ist, werden wir nicht müde" (V. 1). Sein Thema bleibt der Dienst des Evangeliums und die christliche Verantwortung für die Evangelisation auf der ganzen Welt. Die Wahrheit, die ihn auf Kurs hielt, egal welcher Art die Opposition oder die Schwierigkeiten waren, war, dass er und seine Mitarbeiter diesen Dienst „nach der Barmherzigkeit" (V. 1) empfangen hatten. Unsere Erfahrung der Gnade Gottes in seinem Sohn ist die Quelle unserer persönlichen Erkenntnis Gottes. In seinem Brief an die Römer appelliert Paulus an uns „durch die Barmherzigkeit Gottes", unseren Leib hinzugeben als ein Opfer, das lebendig, heilig und Gott wohlgefällig ist (Röm 12,1). Hier im zweiten Korintherbrief ist dies das Geheimnis seiner Entschlossenheit, nicht aufzugeben, selbst wenn Schwierigkeiten auftauchen.

Gnade und Barmherzigkeit sind eng miteinander verbunden und manchmal fast austauschbar. Sie unterscheiden sich jedoch. Gnade verzeiht, während Barmherzigkeit mitfühlt und tröstet. Gnade ist Gottes Liebe zu dem Schuldigen; Barmherzigkeit ist die Liebe zu dem Betrübten. Weil Gott in seiner Barmherzigkeit Mitgefühl hat für unsere Not, zeigt er seine Gnade durch die Vergebung unserer Sünden und in der Befreiung aus unserer größten Gefahr. Der Herr Jesus ist die wundervollste Gabe der Gnade Gottes an uns, und jedes andere gnädige Geschenk fließt aus dieser unermesslichen Gabe. Im Herrn Jesus ist mehr Barmherzigkeit als Sünde in uns. Je mehr wir über die Barmherzigkeit Gottes in seinem Sohn nachdenken, desto intensiver wollen wir uns seinem Dienst und dem Evangelium zur Verfügung stellen.

Trotzdem begegnen uns immer wieder Entmutigungen. In unserem Dienst für Gott passieren Dinge, die uns umwerfen und durcheinander bringen. Zum Beispiel wenn wichtige Mitarbeiter in der Gemeinde wegziehen müssen, kann uns dies entmutigen. Paulus hatte weit wichtigere Gründe für Entmutigung im Blick.

Gründe für Entmutigung

Unechtes Evangelium

Erstens, es gibt ein unechtes Evangelium. Das deutet Paulus an, wenn er erklärt: „Sondern wir meiden schändliche Heimlichkeit und gehen nicht mit List um, fälschen auch nicht Gottes Wort" (V. 2). Wenn wir das Evangelium unseres Herrn Jesus verkünden, stehen wir nicht nur mit der Unwissenheit im Konflikt, sondern, was viel schlimmer ist, mit unechten Evangelien. Immer wieder ist in der Geschichte der Gemeinde das Evangelium durch falsche Betonungen und Lehren verfälscht worden. Verfälscher wirken in „schändlicher Heimlichkeit". Lehren und Praktiken, die Gott häufig Unehre bringen, geschehen außer Sichtweite der Öffentlichkeit.

Es ist natürlich, dass uns Fälschungen bestürzen, und das sollten sie auch. Gegner des Evangeliums lieben Heimlichkeiten, sie manipulieren Menschen ganz bewusst und handeln schändlich. Sie mögen vielleicht öffentlich bekunden, Gottes Wort zu gehorchen, während sie gleichzeitig die Bibel verzerren und täuschen. Es ist eine Entmutigung, Menschen zu treffen, die bekennen, Gottes Wahrheit und das Evangelium seines Sohnes zu lehren, sich dann aber als Betrüger entpuppen. Die Welt ist leider voll von verfälschten „Evangelien" oder Lehren. Diejenigen, die Scheinlehren verbreiten, neigen dazu, sich auf die menschliche Persönlichkeit zu konzentrieren oder sich selbst zu predigen (V. 5). Wir dürfen jedoch einen wichtigen Trost nicht übersehen: Fälschungen existieren nur, weil das Echte, das sie verfälschen, so wertvoll ist!

Geistlicher Kampf

Zweitens, wir stehen in einem geistlichen Kampf mit dem Gott dieser Welt (V. 3.4). Hinter den verfälschten Lehren und „Evangelien" steht die Aktivität des Seelenfeindes Nummer 1, Satan. Er versucht, die wahre Botschaft des Evangeliums zu verschleiern, eine „Decke" über den Verstand der Menschen zu legen, damit sie die gute Nachricht nicht erkennen oder verstehen können. Er möchte, dass sie verloren gehen (V. 3). Um das zu erreichen, verblendet er den Sinn der Ungläubigen, „dass sie nicht sehen das helle Licht des Evangeliums von der Herrlichkeit Christi, welcher ist das Ebenbild Gottes" (V. 4).

Es ist vor allem die Herrlichkeit des Herrn Jesus, dem Ebenbild Gottes, über die Satan die Menschen in Unwissenheit halten will (V. 4). Das erklärt den einzigartigen und ungewöhnlichen Widerstand, der uns oft entgegengebracht wird, wenn wir entschlossen sind, den Menschen den Herrn Jesus nahe zu bringen. Der Böse ist nicht allzu sehr besorgt, wenn wir über Religion oder auch über das Christentum sprechen, aber er ist beunruhigt, wenn wir den Herrn Jesus und seine einzigartige Herrlichkeit als das „Ebenbild Gottes" verkündigen.

Menschliche Schwäche

Drittens, Schwäche und Zerbrechlichkeit ist unser Merkmal (V. 7). Paulus stellt unseren Körper als ein „irdenes Gefäß" dar, ein Bild für Zerbrechlichkeit. Wir sind gewöhnliche Menschen mit der Verwundbarkeit gewöhnlicher Menschen. Es ist erstaunlich, zu denken, dass Gott die Verwaltung des Evangeliums seines Sohnes solchen gewöhnlichen Menschen, wie wir es sind, anvertraut! Unsere Gegner scheinen häufig besser ausgerüstet als wir, um ihre Ziele zu erreichen. Nicht viele von uns sind nach menschlichen Maßstäben klug, nicht viele von uns sind einflussreich oder nach den Maßstäben der Welt bedeutend (1.Kor 1,26.27).

Schwer bedrängt

Viertens, wir sind auf die unterschiedlichste Weise hart bedrängt (V. 8–10). Manchmal werden wir von allen Seiten unter Druck gesetzt, verwirrt, verfolgt und unterdrückt (V. 8.9). Was die Menschen unserem Herrn Jesus angetan haben, tun sie vielleicht auch uns an, sodass wir Tag für Tag das Sterben unseres Erlösers offenbaren und teilhaben an seinem Tod (V. 10). Wir begeben uns für ihn in Gefahr, sodass der Tod mächtig in uns ist (V. 12). Vielleicht machen wir nicht alle diese Erfahrungen, aber viele Christen in anderen Teilen der Welt erleben dies.

Verschleiß

Fünftens, wegen all dieser potentiellen Entmutigungen wissen wir um den Verschleiß im geistlichen Kampf. Er fordert seinen Tribut von uns: „Wenn auch unser äußerer Mensch verfällt [...]" (V. 16).

Obwohl der Konflikt im Wesentlichen geistlicher Natur ist, so fordert er doch seinen körperlichen Tribut. Manchmal mag es so aussehen, als ob alles auseinander bricht. Wir ahnen, wie schwach unsere Körper sind und welche Belastung unser Dienst ihnen aufzwingt.

Probleme

Sechstens, wir haben unsere Probleme (V. 17). Wir wären unehrlich, wenn wir ihre Existenz leugnen würden. Zusammen mit allen anderen Menschen erleben wir das Trauma einer gefallenen Welt. Wir sind genauso anfällig für Krankheit und Unfall wie andere. Zusätzliche Probleme entstehen aus unserem christlichen Glauben und Zeugnis. Einige werden vielleicht von Menschen verursacht, die uns Böses wollen (Ps 34,19-21). Zusätzlich haben wir noch Probleme mit uns selbst. Wie Paulus in Römer 7,24 rufen wir aus: „Ich elender Mensch! Wer wird mich erlösen von diesem todverfallenen Leibe?"

Anscheinende Niederlage

Siebtens, häufig scheint es so, als würden wir die geistliche Schlacht verlieren (V. 18). Wenn wir unsere Aufmerksamkeit auf das richten, was nur für das menschliche Auge sichtbar ist, dann scheint der Kampf, in dem wir stehen, hoffnungslos, weil die Chancen so groß sind. Aber wir geben nicht auf!

Gründe zur Ermutigung

Nachdem wir die Gründe für die Entmutigung identifiziert haben, sind wir in der Lage, Gründe dafür zu finden, nicht aufzugeben!

Ein Evangelium, das sich selbst beglaubigt

Obwohl es leider viele verfälschte Evangelien gibt, beglaubigt sich unser Evangelium – der Dienst des Neuen Bundes – selbst. Wir brauchen nicht zu heimlichen und schändlichen Mitteln zu greifen, um die Menschen dazu zu bringen, unsere Botschaft anzunehmen. Bewusst verzichten wir auf solche Tricks. Wir täuschen nicht, und wir verzerren auch nicht Gottes Wort, „sondern wir meiden schändliche

Heimlichkeit und gehen nicht mit List um, fälschen auch nicht Gottes Wort, sondern durch Offenbarung der Wahrheit empfehlen wir uns dem Gewissen aller Menschen vor Gott" (V. 2).

Hinter dieser Zuversicht steht der verborgene und übermächtige Dienst Gottes, des Heiligen Geistes, des Geistes der Wahrheit. Egal wie schwierig es Männern und Frauen fällt, die Wahrheit über sich selbst als Sünder anzunehmen – eine Annahme, die das Evangelium fordert –, Gott der Heilige Geist überführt sie dieser Wahrheit.

Die volle Darstellung der Wahrheit findet die volle Unterstützung des Geistes. Wenn wir das ganze Evangelium kompromisslos und furchtlos verkünden, ohne Angst, wie Menschen darauf reagieren könnten, dürfen wir uns auf die Kraft des Geistes verlassen, dass sie dessen Wahrheit erkennen.

Gott ist der Gott der Errettung

Obwohl wir in einem geistlichen Kampf mit Satan stehen, dem Gott dieser Welt, ist doch der Gott und Vater unseres Herrn Jesus Christus, dem wir gehören und dienen, sowohl der Gott der Schöpfung als auch der Gott der Errettung. Zwar verblendet Satan den Geist der Ungläubigen, „dass sie nicht sehen das helle Licht des Evangeliums von der Herrlichkeit Christi, welcher ist das Ebenbild Gottes" (V. 4), doch „Gott, der sprach: Licht soll aus der Finsternis hervorleuchten", lässt sein Licht in das Herz der Menschen leuchten, wie er es bei uns getan hat, um ihnen „die Erleuchtung zur Erkenntnis der Herrlichkeit Gottes im Angesicht Jesu Christi" (V. 6) zu schenken.

Die Wiedergeburt – oder neue Geburt – ist ein ebenso dramatisches und mächtiges Werk wie die Schöpfung selbst. Es erfordert dieselbe große Macht, das Herz der Menschen zu erleuchten und ihnen geistliches Verständnis der Identität Jesu zu schenken, die benötigt wurde, dem Licht bei der Schöpfung der Welt zu befehlen, die Finsternis zu erhellen. Bei der Wiedergeburt werden Männer und Frauen geistlich lebendig in Christus. Gott tut dieses Wunder, wenn das Evangelium – der Neue Bund – verkündigt wird. Wenn wir das Evangelium verkünden, wie wir sollen, verkünden wir nicht uns selbst, sondern Jesus als Herrn, und uns selbst als Diener anderer um Jesu willen (V. 5). Dann tut Gott sein einzigartiges und vollkommenes Werk.

Der Zweck unserer Schwäche

Obwohl wir gezeichnet sind von Schwachheit und Zerbrechlichkeit, ist dies Gottes bewusste Absicht, damit klar wird, dass die Kraft nicht von uns, sondern von ihm ist! „Wir haben aber diesen Schatz in irdenen Gefäßen, damit die überschwängliche Kraft von Gott sei und nicht von uns" (V. 7). Dies ist eine andere Art, das Prinzip auszudrücken, das Paulus in 2. Korinther 1,8.9 dargelegt hat: „Denn wir wollen euch, liebe Brüder, nicht verschweigen die Bedrängnis, die uns in der Provinz Asien widerfahren ist, wo wir über die Maßen beschwert waren und über unsere Kraft, sodass wir auch am Leben verzagten und es bei uns selbst für beschlossen hielten, wir müssten sterben. Das geschah aber, damit wir unser Vertrauen nicht auf uns selbst setzten, sondern auf Gott, der die Toten auferweckt."

Das Thema Schwäche zieht sich durch die Briefe des Paulus an die Korinther und ist auch hier vorspringend. Wir müssen uns selbst als „irdene Gefäße" sehen und sollten keine überzogene Meinung von unserer eigenen Stärke haben. Selbst die Christen, die wir wegen ihrer Gottesfurcht und ihrer Gaben bewundern, sind genauso „irdene Gefäße" wie wir. Gott hat beschlossen, sie zu gebrauchen! Er möchte, dass es offenkundig ist, dass die Kraft des Evangeliums nicht in seinen Boten ist, sondern in seiner Botschaft über Jesus Christus, unserem Herrn.

Gottes Gnade genügt

Obwohl wir auf vielerlei Weise hart bedrängt werden, bis zu dem Punkt, dass man sagen könnte, wir lägen schon im Sterben, hat Gott in wunderbarer Weise doch für jede Situation eine Antwort.
Obwohl von allen Seiten bedrängt, ängstigen wir uns nicht (V. 8). Gott lässt nicht zu, dass wir mehr unter Druck geraten, als wir ohne seine Hilfe ertragen können. Uns ist bange, aber wir verzagen nicht. Wir wissen nicht immer, was wir denken, tun oder sagen sollen, aber wir wissen und entdecken immer wieder neu, dass Gott die Antworten zur rechten Zeit bereithält. Manchmal leiden wir Verfolgung, aber wir werden nicht verlassen (V. 9).

Schwierige Erfahrungen bringen wertvolle Beweise für die Gegenwart Christi (zum Beispiel 2.Tim 4,17). Wir werden unterdrückt, aber wir kommen nicht um (V. 9). Wir verlieren vielleicht eine

Schlacht, aber wir verlieren nicht den Krieg! Mit Christus in seinem Sterben identifiziert durch unsere bitteren Erfahrungen, haben wir das wundervolle Privileg, auch in seiner Auferstehungsmacht mit ihm identifiziert zu werden (V. 10). Auf „Todeserfahrungen" folgt das Leben! Wenn wir überdies in den Fußstapfen des Herrn Jesus wandeln, bringt der Tod in uns anderen das Leben (V. 12). Die Geschichte verdeutlicht und bestätigt, dass das Blut der Märtyrer der Same der Gemeinde ist.

Geistliche Erneuerung

Obwohl wir wissen, wie sehr der geistliche Kampf an uns zehrt und uns verschleißt, erleben wir gleichzeitig Tag für Tag das geistliche Wunder der inneren Erneuerung (V. 16). Dieses Vorrecht ist dem ungläubigen Menschen wesensfremd. Wir können außergewöhnliche Erquickung selbst in größter Müdigkeit finden, wenn wir wissen, dass wir den Willen Gottes tun (siehe zum Beispiel Joh 4,31-34). In der Hitze des geistlichen Gefechts, den der Dienst des Neuen Bundes einschließt, kann tiefe geistliche Erquickung erfahren werden.

Sie kann auch erfahren werden, wenn die Beanspruchung ihren Höhepunkt erreicht hat und überaus niederdrückend ist. In seinen letzten Tagen konnte Dr. Martyn Lloyd-Jones nicht mehr sprechen. Eine seiner Töchter saß an seinem Bett, und er „wies sie sehr entschieden auf die Worte aus 2. Korinther 4,16-18 hin". Elizabeth Catherwood erzählt: „Als ich ihn fragte, ob dies seine augenblickliche Erfahrung sei, nickte er heftig mit dem Kopf."[4]

Ewige Herrlichkeit wiegt mehr als Schwierigkeiten

Obwohl wir Schwierigkeiten erleben und auch weiterhin erleben werden, wiegt die ewige Herrlichkeit, die vor uns liegt, diese doch auf. Im Vergleich zu dieser Herrlichkeit sind unsere Probleme zeitlich und leicht (V. 17). Wir wären unehrlich, wollten wir die Realität unserer Probleme nicht zugeben, aber unser Zeugnis ist, dass der Herr

---

[4] Iain H. Murray: *D. Martyn Lloyd-Jones*, The Fight of Faith, Bd. 2, Banner of Truth Trust, Edinburgh 1990, S. 747. Martyn Lloyd-Jones (1899-1981) war von 1943-1967 Pastor an der bekannten Westminster Chapel in London. Er war wahrscheinlich der bedeutendste Prediger des 20. Jahrhunderts.

die Gerechten von allen ihren Schwierigkeiten befreit (Ps 34,19.21). Die endgültige Befreiung von aller Trübsal in diesem Leben ist das zukünftige Leben, wenn für die Ungläubigen die Trübsal erst beginnt und niemals endet (Ps 34,19.21). Ewige Herrlichkeit hat uns unser Erretter verheißen.

Unsere Drangsal wirkt sich zu unserem Besten aus; sie bereitet uns vor auf den Himmel. Heiligung ist angebrochene Herrlichkeit, und Herrlichkeit ist vollendete Heiligung. Die Herrlichkeit gleicht dem „Erbteil der Heiligen im Licht" (Kol 1,12; vgl. 1,27). Die Herrlichkeit wird die Präsentation der Braut erleben, die Gemeinde, die dem Bräutigam, unserem Herrn Jesus Christus, zugeführt wird (Kol 1,22.28). Das Wunder alles dessen, das in Herrlichkeit vor uns liegt, wiegt alle unsere Trübsal auf. Wenn wir sie aus der richtigen Perspektive betrachten, dann ist unsere Trübsal wirklich zeitlich und leicht.

Die richtige Perspektive

Und abschließend: Häufig mag es so aussehen, als würden wir den geistlichen Kampf verlieren, aber das bedeutet, dass wir die Dinge aus der falschen Perspektive betrachten (V. 18). Aus der Perspektive der Zeit sieht es manchmal so aus, als würden wir verlieren. Doch betrachten wir die Dinge aus der ewigen Perspektive, erkennen wir, dass wir auf der Siegerseite stehen! Der Sieg ist bereits unser in unserem Retter, weil er ihn bereits errungen hat. Gottes rettende Absichten – durch den Dienst des Neuen Bundes – sind gewiss. Darum richten wir unseren Blick nicht „auf das Sichtbare, sondern auf das Unsichtbare. Denn was sichtbar ist, das ist zeitlich; was aber unsichtbar ist, das ist ewig" (V. 18).

Darum!

„Darum werden wir nicht müde" (V. 16; vgl. V. 1). Die Ausgewogenheit in unserem Denken ist hier genauso wichtig wie anderswo. Der Dienst des Neuen Bundes – ein anderer Ausdruck für Evangelisation – ruft unweigerlich Widerstand von Satan hervor und bringt Entmutigung. Aber wir sollten unsere Entmutigung in Ermutigung umwandeln. Für jede Entmutigung hat Gott

eine passende Ermutigung! Unsere Segnungen wiegen unsere Schwierigkeiten bei weitem auf. Die Herrlichkeit unserer Zukunft in Christus entschädigt uns für gegenwärtige Nöte bei weitem. Den notwendigen Schlüssel zur Ermutigung bekommen wir, wenn wir unseren Blick auf das Unsichtbare richten, und vor allem auf unseren unsichtbaren Retter.

Vertiefen und anwenden:

1. Welche Entmutigungen begegnen Ihnen bei Ihrem Versuch, anderen das Evangelium des Herrn Jesus weiterzusagen?
2. Wie können wir jemandem antworten, der die Frage stellt: „Es gibt heutzutage so viele Religionen und christliche Gruppen, wie können Sie wissen, dass das, was Sie sagen, die Wahrheit ist?"?
3. Paulus beschreibt die Christen als „irdene Gefäße" (V. 7). Was können wir daraus lernen?
4. Wie wichtig ist Ermutigung im Leben eines Christen? Wie können wir uns gegenseitig ermutigen?

Notizen:

8.
Unsere himmlische Wohnung

2. Korinther 5,1-10

Ziel

> Den großen Ansporn zu Gehorsam und zu einem Dienst, der Christus verherrlicht, sehen, den uns die Gewissheit unserer Zukunft als Gläubige schenkt.

Denn wir wissen: wenn unser irdisches Haus, diese Hütte, abgebrochen wird, so haben wir einen Bau, von Gott erbaut, ein Haus, nicht mit Händen gemacht, das ewig ist im Himmel. Denn darum seufzen wir auch und sehnen uns danach, dass wir mit unserer Behausung, die vom Himmel ist, überkleidet werden, weil wir dann bekleidet und nicht nackt befunden werden. Denn solange wir in dieser Hütte sind, seufzen wir und sind beschwert, weil wir lieber nicht entkleidet, sondern überkleidet werden wollen, damit das Sterbliche verschlungen werde von dem Leben. Der uns aber dazu bereitet hat, das ist Gott, der uns als Unterpfand den Geist gegeben hat. So sind wir denn allezeit getrost und wissen: solange wir im Leibe wohnen, weilen wir fern von dem Herrn;

> denn wir wandeln im Glauben und nicht im Schauen.
> Wir sind aber getrost und haben vielmehr Lust, den Leib
> zu verlassen und daheim zu sein bei dem Herrn. Darum
> setzen wir auch unsere Ehre darein, ob wir daheim sind
> oder in der Fremde, dass wir ihm wohlgefallen. Denn
> wir müssen alle offenbar werden vor dem Richterstuhl
> Christi, damit jeder seinen Lohn empfange für das, was
> er getan hat bei Lebzeiten, es sei gut oder böse.
>
> 5,1-10

Die Erklärung, die Paulus im vorhergehenden Kapitel dafür gab, warum die Entmutigungen im Dienst am Evangelium uns nicht dazu bringen können, den Mut zu verlieren, löste diese Betrachtung aus, über *„ein Haus, nicht mit Händen gemacht, das ewig ist im Himmel"* (V. 1).

Die letzten Bemerkungen des Paulus in Kapitel 4 fokussieren die innere geistliche Erneuerung, die wir erfahren können, egal was uns äußerlich oder körperlich auch zustößt. Er richtet unseren Blick auf die vor uns liegende Herrlichkeit, jetzt noch unsichtbar, aber ewig. Sie steht im scharfen Kontrast zu den zeitlichen und flüchtigen Dingen, die wir mit unseren physischen Augen sehen können. In den Versen 16 bis 18 in Kapitel 4 wird uns eine wundervolle Schlussfolgerung angeboten: „Darum werden wir nicht müde, sondern wenn auch unser äußerer Mensch verfällt, so wird doch der innere von Tag zu Tag erneuert. Denn unsre Trübsal, die zeitlich und leicht ist, schafft eine ewige und über die Maßen gewichtige Herrlichkeit, uns, die wir nicht sehen auf das Sichtbare, sondern auf das Unsichtbare. Denn was sichtbar ist, das ist zeitlich; was aber unsichtbar ist, das ist ewig."

Wesentlich für die Herrlichkeit, die vor uns liegt, sind unser Auferstehungsleib und unser himmlisches Heim. Die Grundlage für unsere Wiedergeburt ist unsere lebendige Hoffnung durch die Auferstehung unseres Herrn Jesus von den Toten. Damit einher geht unsere Gewissheit eines himmlischen Erbes, das unvergänglich und unbefleckt und unverwelklich ist und das im Himmel für uns aufbewahrt wird (1.Petr 1,3.4).

Dinge, die wir wissen

Es gibt bestimmte Dinge, die wir als Christen über unseren menschlichen Körper „wissen".

Erstens, wir wissen, dass unser gegenwärtiger Körper nur unser „irdisches Haus" ist – besser ein irdisches Zelt (V. 1).

Qualitativ hochwertige Zelte mögen es sein, aber wenn wir sie uns zulegen und das erste Mal aufstellen, so sind sie doch immer von begrenzter Haltbarkeit, vor allem, wenn sie ständig genutzt werden. Sie verschleißen in den Stürmen, vor denen sie uns schützen. In Bezug auf die Haltbarkeit und Zerbrechlichkeit gleicht unser physischer Körper einem Zelt.

Zweitens, wir wissen, dass unser Körper dem Verfall preisgegeben ist (V. 1).

So schön wie die Geburt eines Babys ist, und so vollkommen der neue Körper auch zu sein scheint, der Samen des Todes ist bereits in ihn hineingelegt. Wir werden geboren, um zu leben und dann zu sterben. Wir sprechen zu Recht von einer Lebensspanne, da das Leben sowohl einen Anfang als auch ein Ende hat. Wenn der Herr Jesus nicht während unseres Lebens zurückkommt, wird unser Leib wie ein irdisches Zelt abgebrochen werden, sei es nun durch den natürlichen Alterungsprozess, einen Unfall oder eine andere Katastrophe (V. 1).

Drittens, als Gläubige wissen wir jedoch, dass unser gegenwärtiger irdischer Leib durch etwas viel Wundervolleres ersetzt werden wird. Paulus beschreibt es als „unsere Behausung, die vom Himmel ist" (V. 2).

Es ist nicht klar, ob er damit den von Gott verheißenen Auferstehungsleib meint oder die Sphäre, den Himmel, in der wir unser neues Leben in unserem Auferstehungsleib führen werden.

Diese drei Dinge wissen wir, weil Gott sie verheißen hat. Sie sind entscheidend für unser himmlisches Erbe in unserem Erlöser. Als

Gläubige sind wir Menschen der Hoffnung, „Kinder der Auferstehung" (Lk 20,36).

Mit dem Wissen wächst die Spannung

Unsere Sehnsucht nach der uns verheißenen Herrlichkeit, gepaart mit der gegenwärtigen Entmutigung in unserem Dienst des Evangeliums, bringt uns häufig zum „Seufzen" (V. 2). „Denn solange wir in dieser Hütte sind, seufzen wir und sind beschwert" (V. 4). Wir sind uns schmerzlich bewusst, dass vieles von dem, was uns jetzt begegnet, ganz anders ist als das, was in der Herrlichkeit auf uns wartet. Solange wir in diesem Leib stecken, sind wir beschwert. Der Körper gleicht vielmehr einem alten Auto, bei dem ständig alle möglichen Mängel auftreten.

Solange wir in unserem gegenwärtigen menschlichen Leib leben, entdecken wir viele Gründe, enttäuscht zu sein, da wir uns danach sehnen, mit unserem Auferstehungsleib im Himmel überkleidet zu werden (V. 2). Die Aussicht auf die Herrlichkeit steigert unsere Sehnsucht, dieses irdische Zelt abzubrechen, unseren irdischen Körper. Wir wollen dies nicht nur wegen der innewohnenden Schwachheit und der damit verbundenen Probleme unserer Körper, sondern wegen des Wunders dessen, das ihn ersetzen wird.

Verherrlichung

Im Himmel werden wir mit unserer himmlischen Behausung überkleidet werden. Der Herr Jesus Christus wird „unseren nichtigen Leib verwandeln, dass er gleich werde seinem verherrlichten Leibe nach der Kraft, mit der er sich alle Dinge untertan machen kann" (Phil 3,21). Das Sterbliche wird „verschlungen" werden von dem Leben (V. 4). Der Ausdruck „verschlungen" lässt darauf schließen, wie dramatisch die Veränderung sein wird. Paulus hat unsere Verherrlichung im Blick, etwas, nach der sich geistlich gesunde Christen zunehmend sehnen.

Verherrlichung ist der Ausdruck für die endgültige vollkommene Konformität des Christen mit dem Bild unseres Herrn Jesus Christus. Dieses herrliche Werk wird bei seiner Wiederkunft geschehen (Kol 3,4; 1.Joh 3,2). Sie ist die logische Folge der Vorherbestimmung,

Berufung und Rechtfertigung, eine Konsequenz, die so gewiss ist, dass sie beschrieben werden kann, als hätte sie bereits stattgefunden (Röm 8,30). „Meine Gedanken und die tiefsten Tiefen meiner Seele sind zerrissen von jeder Art des Aufruhrs bis zu dem Tag, an dem ich gereinigt und im Feuer deiner Liebe geschmolzen sein werde und vollkommen mit dir vereint", erklärte Augustinus[5]. Gott hat uns „dazu bereitet" (V. 5). Er hat uns mit diesem herrlichen Ziel vor Augen erlöst.

Der Heilige Geist, die Garantie

Die Garantie dieser wundervollen Aussicht ist der Heilige Geist, der jedem Gläubigen gegeben wird. Er ist ein „Unterpfand" kommender Herrlichkeit (V. 5). Dieses Bild des Unterpfands bedarf der eingehenden Betrachtung, da es uns hilft, einen wichtigen Aspekt seines Dienstes zu verstehen. Vertraut mit allem, können wir die Großzügigkeit Gottes übersehen, die sich in dem Geschenk seines Geistes zeigt. Er ist die dritte Person der Dreieinigkeit und er besitzt alle Eigenschaften Gottes. Er lebt in uns als Gläubige und macht unseren Körper zu seinem Tempel. Würde er nicht in uns wohnen, könnten wir nicht Gottes Kinder sein. Wenn er nicht in uns lebte, würden wir kein geistliches Leben besitzen.

Dass er jedoch in uns lebt, ist der Beweis und die Verheißung dessen, was Gott uns noch geben wird. Nachdem er ein gutes Werk in uns begonnen hat, wird er es auch zu Ende führen (Phil 1,6), und sein Heiliger Geist ist der göttliche Arbeiter. Der Geist bereitet uns auf die Herrlichkeit vor. So wie der Geist unseren Herrn Jesus von den Toten auferweckt hat, so wird er auch uns auferwecken. Der Geist gibt uns Zeugnis, dass die Herrlichkeit unser Heim ist, und dass wir dorthin gehören, wo jetzt unser Erlöser ist. Dies ist Grund genug zur Ermutigung, egal wie heftig der geistliche Kampf mit dem Gott dieser Welt auch sein mag oder wie viele Schwierigkeiten sich uns entgegenstellen mögen, wenn wir das Evangelium unseres Retters verkünden.

---

[5] Augustinus (354–430), Bischof von Hippo und vielleicht der bedeutendste Theologe der Alten Kirche überhaupt.

Erkenntnis und Zuversicht

Wir haben bereits Wahrheiten identifiziert, die wir über unsere menschliche Existenz und unser himmlisches Schicksal wissen. Wir besitzen jedoch sowohl Wissen als auch *Zuversicht* (V. 6). Zuversicht entspringt der Erkenntnis. Wir haben feste Gründe, zuversichtlich zu sein, wegen dem, was wir eindeutig wissen.

Wir *wissen*, dass wir, solange wir noch in unserem Körper beheimatet sind, von Gott getrennt sind (V. 6). Wir können nicht gleichzeitig an zwei Orten sein! Solange wir auf dieser Welt leben, können wir nicht im Himmel sein.

Unsere zuversichtliche Gewissheit in Bezug auf die Zukunft bedeutet, dass wir es vorziehen würden, den Leib zu verlassen und daheim beim Herrn zu sein. Als Paulus den Philippern sein Herz öffnet, erklärt er, was er meint. Er schreibt: „Denn Christus ist mein Leben, und Sterben ist mein Gewinn. Wenn ich aber weiterleben soll im Fleisch, so dient mir das dazu, mehr Frucht zu schaffen; und so weiß ich nicht, was ich wählen soll. Denn es setzt mir beides hart zu: ich habe Lust, aus der Welt zu scheiden und bei Christus zu sein, was auch viel besser wäre; aber es ist nötiger, im Fleisch zu bleiben, um euretwillen" (Phil 1,21-24). Seine Worte in 2. Korinther 5 und Philipper 1 deuten daraufhin, dass die Seele des Christen im Augenblick des Todes unmittelbar bei dem Herrn Jesus sein wird. Das Neue Testament geht davon aus, dass der Tod ein bewusster Eintritt in die Gegenwart des Herrn ist, um zu Hause bei ihm zu sein. „Daheim zu sein bei dem Herrn" (V. 8) ist ein sehr schöner Ausdruck. Wenn wir von zu Hause fort sind, sehnen wir uns danach, wieder zu Hause zu sein! Zuhause ist für den Christen dort, wo Jesus ist.

Leben im Glauben, nicht im Schauen

Wir können unser himmlisches Zuhause nicht sehen. Wir können unseren Heiland nicht sehen, den Herrn Jesus. Wir können die Herrlichkeit nicht sehen, die auf uns wartet. Von Gott gegebener Glaube, genährt durch den Heiligen Geist, macht uns jedoch zunehmend des Unsichtbaren gewisser als des Sichtbaren. Das erinnert uns an Worte unseres Heilandes, wie zum Beispiel: „Euer

8. Unsere himmlische Wohnung

Herz erschrecke nicht! Glaubt an Gott und glaubt an mich! In meines Vaters Hause sind viele Wohnungen. Wenn's nicht so wäre, hätte ich dann zu euch gesagt: Ich gehe hin, euch die Stätte zu bereiten?" (Joh 14,1.2). Er macht uns Mut, im Licht einer solchen Verheißung zu leben. Obwohl wir unseren Erlöser nicht sehen können, macht uns der Heilige Geist seiner so sicher, dass wir uns freuen mit „unaussprechlicher und herrlicher Freude" (1.Petr 1,8). Wie Mose können wir durchhalten, weil wir mit einem ganz anderen Blick ihn, den Unsichtbaren, sehen können (Hebr 11,27). Obwohl unsere physischen Augen die verheißene Herrlichkeit jetzt noch nicht sehen können, lehrt uns der Heilige Geist, dass Heiligung der Anfang der Herrlichkeit ist, wenn wir im Leben und Wesen dem Herrn Jesus immer ähnlicher werden (2.Kor 3,18). Diese Fähigkeit, durch den Glauben und nicht durch das Schauen zu leben, bietet eine weitere Erklärung dafür, dass wir uns im Dienst des Neuen Bundes nicht durch Entmutigungen überwältigen lassen.

Das angemessene Ziel

Wenn wir durch den Glauben leben, mit dem Ausblick auf die ewige Herrlichkeit, ist eine Ambition allein angemessen: „Darum setzen wir auch unsre Ehre darein, ob wir daheim sind oder in der Fremde, dass wir ihm wohlgefallen" (V. 9). Bevor wir Christ wurden, hatten wir entweder keine Ambitionen oder vielleicht zu viele, die meisten aus menschlichen und selbstsüchtigen Motiven heraus. Als Christen sollten wir ehrgeizig sein – ehrgeizig, unserem Herrn und Meister zu gefallen. Paulus machte dies zu seinem Ziel.

Wenn wir uns an unsere Bekehrung erinnern, erkennen wir, wie radikal sich unsere Ambitionen gewandelt haben. Damals mögen wir deren revolutionären Charakter vielleicht gar nicht so sehr geschätzt haben, aber es konnte kein Zweifel daran bestehen. Das neue Gefühl unserer großen Dankesschuld an Gott und die Erkenntnis der Gnade unseres Herrn bringen eine Dankbarkeit hervor, die sich in der Entschlossenheit zeigt, dem Herrn zu gefallen. Das Leben ist einfacher geworden, weil wir wissen, dass, ihm zu gefallen, alles andere an den richtigen Platz rückt. Für uns ist das Leben Christus geworden (Phil 1,21).

Die Gewissheit des bevorstehenden Gerichts unterstreicht, wie klug diese Entschlossenheit ist. „Denn wir müssen alle offenbar werden vor dem Richterstuhl Christi, damit jeder seinen Lohn empfange für das, was er getan hat bei Lebzeiten, es sei gut oder böse" (2.Kor 5,10).

Unser Herr Jesus wird alle Menschen richten, und der Richterstuhl ist für ihn reserviert (V. 10). Für uns als Gläubige steht unsere Errettung zwar nicht infrage, doch ob wir am Gerichtstag auch von unserem Herrn Jesus gesagt bekommen: „Gut gemacht, du guter und getreuer Knecht", ist zweifelhaft. Jeder von uns bekommt den Lohn für das, was wir zu Lebzeiten getan haben, sei es nun gut oder böse (V. 10). Unser Körper ist der Lebensbereich, in dem wir jetzt leben und entweder Gutes oder Böses tun. Er ist das Werkzeug, mit dem wir den Herrn Jesus ehren können (Phil 1,20). Darum werden wir gerichtet werden, wie wir unseren Leib und seine Energien eingesetzt haben. Überall in der Bibel finden wir die Lehre von der sorgfältigen und genauen Vergeltung, wie auch an dieser Stelle.

Im Gericht wird der springende Punkt für alle Menschen sein, ob sie im Besitz des Glaubens an den Herrn Jesus und den Neuen Bund sind. Der springende Punkt für alle, die durch den Glauben an ihn zum Neuen Bund gehören, wird sein, ob sie in Gehorsam diesem Neuen Bund gedient haben. Nur etwas kann bewirken, dass wir an diesem Tag tatsächlich von unserem Herrn hören: „Gut gemacht" (Mt 25,21.23), wenn es täglich unser Ansporn ist, ihm zu gefallen.

Vertiefen und anwenden:

1. Warum ist der Himmel eine so schöne Perspektive für den Christen? Begründen Sie Ihre Antwort anhand der Bibel.
2. Was sind die Beweise dafür, dass der Geist Gottes in uns lebt?
3. Welchen Platz haben Ehrgeiz und Ziele im Leben des Christen? Was unterscheidet sie von dem Ehrgeiz und den Zielen von Nichtchristen?

8. Unsere himmlische Wohnung

Notizen:

9.
Durchhaltevermögen in der Verkündigung des Evangeliums

2. Korinther 5,11-21

Ziel

> Das grundlegende Wesen unserer Verantwortung zur Evangelisation erkennen.

Weil wir nun wissen, dass der Herr zu fürchten ist, suchen wir Menschen zu gewinnen; aber vor Gott sind wir offenbar. Ich hoffe aber, dass wir auch vor eurem Gewissen offenbar sind. Damit empfehlen wir uns nicht abermals bei euch, sondern geben euch Anlass, euch unser zu rühmen, damit ihr antworten könnt denen, die sich des Äußeren rühmen und nicht des Herzens. Denn wenn wir außer uns waren, so war es für Gott; sind wir aber besonnen, so sind wir's für euch. Denn die Liebe Christi drängt uns, zumal wir überzeugt sind, dass, wenn einer für alle gestorben ist, so sind sie alle gestorben. Und er ist darum für alle gestorben, damit, die da leben, hinfort nicht sich selbst leben, sondern dem, der für sie gestorben und auferstanden ist. Darum kennen wir von nun an niemanden mehr nach dem Fleisch; und auch

> wenn wir Christus gekannt haben nach dem Fleisch, so kennen wir ihn doch jetzt so nicht mehr. Darum: Ist jemand in Christus, so ist er eine neue Kreatur; das Alte ist vergangen, siehe, Neues ist geworden. Aber das alles von Gott, der uns mit sich selber versöhnt hat durch Christus und uns das Amt gegeben, das die Versöhnung predigt. Denn Gott war in Christus und versöhnte die Welt mit sich selber und rechnete ihnen ihre Sünden nicht zu und hat unter uns aufgerichtet das Wort von der Versöhnung. So sind wir nun Botschafter an Christi statt, denn Gott ermahnt durch uns; so bitten wir nun an Christi statt: Lasst euch versöhnen mit Gott! Denn er hat den, der von keiner Sünde wusste, für uns zur Sünde gemacht, damit wir in ihm die Gerechtigkeit würden, die vor Gott gilt.
>
> 5,11–21

Ein Thema ist im zweiten Korintherbrief immer wieder zu finden. Es schlummert beharrlich unter der Oberfläche und manchmal tritt es ans Tageslicht, wie hier. Gemeint ist die vielschichtige Erklärung, warum Paulus in dem geistlichen Kampf, der mit Evangelisation verknüpft ist, nicht aufgibt. Wir haben bereits gesehen, dass er von Gottes Barmherzigkeit in dem Herrn Jesus unaufhörlich angespornt wurde (4,1). Im vorhergehenden Abschnitt hatte er gerade die lebendige und herrliche Hoffnung betont, die der Herr Jesus uns hinsichtlich der himmlischen Heimat und dem Auferstehungsleben gibt. Diese Zuversicht gibt der Evangelisation Rückgrat. Hier gibt er uns andere zugrunde liegende Gründe für seine hingebungsvolle Erfüllung dieser Aufgabe. Dieser Abschnitt ist sehr wichtig für jede Erörterung biblischer Evangelisation.

Die Furcht Gottes

Paulus beginnt mit der Furcht des Herrn: „Weil wir nun wissen, dass der Herr zu fürchten ist" (V. 11). Diese Furcht des Herrn entsteht aus dem Wissen, dass wir alle vor dem Richterstuhl Christi erscheinen müssen: „[...] damit jeder seinen Lohn empfange für das, was er getan hat bei Lebzeiten, es sei gut oder böse" (V. 10). Da das Evangelium das wertvollste Geschenk ist, das Gott uns anvertraut hat, wird die Frage, wie verantwortlich wir mit unserem Verwalteramt umgegangen sind, eine deutliche Rolle im Urteilsspruch unseres Heilandes über unser Leben und unseren Dienst spielen.

Der Gedanke an das Gericht weckt in uns sofort ein Gefühl der Ehrfurcht und Ehrerbietung. Das Urteil, das unser Erlöser vollstrecken wird, ist ein göttliches Gericht, und wir wissen, dass es Ehrfurcht gebietend und vollkommen ist. Wahres Wissen veranlasst uns daher, unser Verhalten ernst zu nehmen. Wir können nichts Besseres tun, als unser Leben mit Blick auf das zukünftige Gericht zu führen und uns unsere Verantwortung für die Seelen all derer bewusst zu machen, die in unserem Umfeld leben und uns nahe stehen.

Wenn wir uns des kommenden Gerichts bewusst sind, so wie der Verantwortlichkeit für uns selbst und für das geistliche Wohlergehen anderer, „suchen wir Menschen zu gewinnen" (V. 11). Die Verkündigung des Evangeliums sollte nicht ohne Inbrunst und Leidenschaft betrieben werden. Bei der Weitergabe des Evangeliums beschäftigen wir uns mit den grundlegenden Themen Leben und Tod, ewige Errettung oder ewige Verdammnis. Ein wichtiges Element der Evangelisation ist unweigerlich die Überzeugungsarbeit. Die Waffe der Wahrheit, die Bibel, einsetzend, versuchen wir Menschen von der Wahrheit des Evangeliums zu überzeugen und von der dringenden Notwendigkeit, der Einladung zu folgen (vgl. Apg 18,4;28,23).

Überzeugungsarbeit muss jedoch in aller Aufrichtigkeit geschehen. Mit der Überzeugungsarbeit, die uns manchmal bei einem verschlagenen Verkäufer am Telefon oder an der Haustür entgegentritt, wollen wir nichts zu tun haben. Paulus verzichtet auf solche Methoden (2.Kor 4,2). Er appelliert vielmehr an sein persönliches Wissen und Erleben und an das seiner Gefährten: „Was wir sind, ist Gott klar, und ich hoffe, es ist auch eurem Gewissen klar" (V. 12). Paulus hoffte, die Korinther könnten Zeugnis für ihre Aufrichtigkeit ablegen.

Die Zerbrechlichkeit der Beziehung zwischen Paulus und den Korinthern kommt hier wieder an die Oberfläche. Auf keinen Fall wollte er den Anschein erwecken, als würde er sich und seine

Gefährten den Korinthern empfehlen wollen. Vielmehr wollte er den Korinthern die Gelegenheit geben, auf sie stolz zu sein, damit sie Antworten für die parat hätten, die sich etwas auf unwürdige Dinge einbildeten. Doch was auch immer seine Leser oder andere dachten, Paulus wusste, dass Gott die Wahrheit über uns kennt (V. 11), und ein Mensch, der gottesfürchtig leben will, beschäftigt sich vielmehr mit der Einschätzung Gottes als mit menschlichen Meinungen.

Paulus war sich der Kritik an ihm und seinen Missionsgefährten sehr wohl bewusst, obwohl vieles davon widersprüchlich gewesen sein mag. Einige beschuldigten sie, den Verstand verloren zu haben (V. 13), möglicherweise auf Grund ihres kompromisslosen Gehorsams dem letzten Auftrag des Herrn Jesus gegenüber. Paulus antwortet ihnen darauf, dass sie alles, was sie taten, um Gottes willen und für das Wohl ihrer Hörer taten (V. 13).

In einer Welt, in der Gottes Heiligkeit und Gerechtigkeit nicht ernst genommen werden, wird jede Verkündigung des göttlichen Gerichts von einigen als Wahnsinn angesehen werden. Wenn das Gericht nicht begriffen oder akzeptiert wird, dann kann es auch kein Bewusstsein für die Notwendigkeit der Erlösung geben. Das Evangelium wird dann als bedeutungslos oder völliger Unsinn betrachtet. Begeisterung für das Evangelium wird von der Welt häufig als Torheit angesehen. Wir sind jedoch nicht unglücklich über solche Anschuldigungen, wenn wir sicher sein können, dass der Auslöser unsere Aufrichtigkeit, unser Gehorsam Gott gegenüber und die Sorge um die Seelen der Menschen ist.

Gott zu fürchten, bedeutet, ihn als Gott und Vater unseres Herrn Jesus Christus zu verehren und zu versuchen, ihm vor allen anderen erstrebenswerten Dingen zu gefallen. Die Furcht Gottes zu kennen, bedeutet, der Ausbreitung des Evangeliums verpflichtet zu sein.

Die Liebe Christi

Verbunden mit der Furcht Gottes als ein dem Evangelium gemäßes Motiv ist der „Zwang", den die Liebe Christi auf uns ausübt: „Denn die Liebe Christi drängt uns" (V. 14). Die ersten Missionare fühlten sich angetrieben von der Macht der Liebe ihres Retters, seinen Missionsbefehl zu erfüllen, egal auf welchen Widerstand sie stießen oder wie groß die physischen Schwierigkeiten waren. Sie waren sich seiner Liebe zu ihnen und seiner Liebe zu denen gewiss, denen sie die gute Nachricht weitersagten. Die Liebe des Herrn Jesus Christus ist ein kostbarer Schatz, den wir zwar kennen, zugleich aber wissen, dass sie über unseren Verstand geht, weil sie so gewaltig und unermesslich ist.

Unverzüglich weist Paulus auf das Höchstmaß der Offenbarung hin, die wir von der Liebe Jesu haben: „Zumal wir überzeugt sind, dass, wenn einer für alle gestorben ist, so sind sie alle gestorben" (V. 14). Paulus wusste, wie groß die Auswirkungen und Folgen dieses einen Todes des Herrn Jesus waren. Er wusste, es war für die unzählbare Schar derer geschehen, die sich einst des Segens seiner ewigen Erlösung erfreuen würden. Sein Tod ist der Tod aller, weil er den Tod starb, den alle hätten sterben sollen. Ihre Strafe war von ihm getragen worden, als er an ihrer Stelle starb. All dies geschah, bevor sie auch nur an ihn gedacht oder ihn geliebt hatten, als sie noch seine Feinde waren.

Die Grundlage für die Glaubensüberzeugungen, die die Apostel und frühen Missionare motivierten, war der stellvertretende Tod unseres Herrn Jesus Christus. Sein Tod war der Grund für alles, was sie taten. Ihr Leben wie das Leben aller Christen war auf die zuverlässige Wahrheit aufgebaut, dass Jesus für uns starb und wieder auferweckt wurde (V. 15). Folglich wussten sie, dass sie nicht mehr für sich selbst leben konnten, sondern vielmehr um seinetwillen zu leben hatten – im Bewusstsein der Dankesschuld und aus Dankbarkeit (V. 15). Im Leben jedes aufrechten Christen gibt es so etwas wie ein „nicht mehr". Wir können nicht mehr für uns selbst leben, sondern müssen für ihn leben – nicht widerwillig, sondern im Bewusstsein, ganz besonders privilegiert zu sein. Die größte Sorge unseres Erretters ist, verlorene Schafe zu finden, für die er gestorben ist. Für ihn zu leben, bedeutet darum, seine Sorge um sie zu teilen und sich der Aufgabe zu verschreiben, sein Evangelium bekannt zu machen.

Das göttliche Werk der Wiedergeburt

Wesentlich für jedes Verständnis des Dienstes am Neuen Bund oder für die Evangelisation ist die grundlegende Wahrheit, dass das Werk letztlich Gottes ist. Wir können Mitarbeiter sein, aber die wirkliche Arbeit macht er. Von Anfang bis zum Ende ist die Wiedergeburt „von Gott" (V. 18).

Im Evangelium geht es ausschließlich um den Neuen Bund. Durch die Wiedergeburt oder Erneuerung treten wir in diesen Neuen Bund ein. Paulus fasst dieses Werk in Vers 17 zusammen: „Darum: Ist jemand in Christus, so ist er eine neue Kreatur; das Alte ist vergangen, siehe, Neues ist geworden."

Christ zu werden, ist hier definiert als „in Christus" zu sein. Wenn Gott uns durch das Evangelium zur Buße und zum Glauben an seinen Sohn führt, wirkt er durch seinen Geist in uns das Werk der Wiedergeburt. Wir werden geistlich mit Jesus Christus vereint, damit alles, was er durch seinen Tod und seine Auferstehung gewirkt hat, uns gehören kann. Wir bekommen die Vergebung unserer Sünden und einen Neuanfang.

Das Werk der Wiedergeburt ist vollkommen unbeeinflusst von unserem menschlichen Zustand oder dessen Mangel. Folglich bewerten wir die Menschen, wenn wir den Neuen Bund verstehen, nicht nach dem, wie sie aussehen oder was sie besitzen. (Paulus erwähnt flüchtig, dass er und die anderen Juden alles ganz falsch verstanden hatten, als sie Jesus, den Messias, mit menschlichen Augen betrachtet hatten – V. 16). Bei der Wiedergeburt und dem Eintritt in den Neuen Bund zählt nicht, ob wir Juden oder Heiden sind, schwarz oder weiß, arm oder reich. Daher schreibt Paulus: „Darum kennen wir von nun an niemanden mehr nach dem Fleisch" (V. 16). Wiedergeburt ist ein Werk der „neuen Kreatur": „das Alte ist vergangen, siehe, Neues ist geworden" (V. 17).

Nichts ist aufregender, als einer Wiedergeburt beizuwohnen, und die damit verbundenen wunderbaren Veränderungen. Wenn wir unseren Beitrag in der Weitergabe des Evangeliums leisten, gebraucht ihn Gott, um Menschen zu einer geistlichen Wiedergeburt zu bringen. Das ist eine der besten Ermutigungen, weiterzumachen.

Die wichtigste Ermutigung: das Evangelium selbst

Dieses Evangelium ist von Gott. So einfach diese Aussage auch ist, sie enthält doch so viel. „Aber das alles von Gott [...]" (V. 18). Von ihm kommt das Evangelium der Versöhnung. Die letzten Verse dieses Abschnitts werden von dem Thema der Versöhnung beherrscht. Die grundlegende Aussage ist, dass „Gott [...] uns mit sich selbst versöhnt hat durch Christus" (V. 18). Der springende Punkt bei diesem versöhnenden Werk war, dass er den Menschen „ihre Sünden nicht" zurechnete (V. 19). Versöhnung bedeutet im Wesentlichen, dass Gott durch Christus uns unsere Übertretungen nicht mehr zurechnet. Das Gegenteil von seiner Zurechnung unserer Sünden, wie wir es verdient haben, ist die Auslöschung unserer Sünden. Wie Gott dies erreicht hat, wird an dieser Stelle prägnant und wunderbar ausgedrückt: „Denn er hat den, der von keiner Sünde wusste, für uns zur Sünde gemacht, damit wir in ihm die Gerechtigkeit würden, die vor Gott gilt" (V. 21).

Die Sündlosigkeit unseres Herrn Jesus Christus war entscheidend für unsere Vergebung und Errettung. Weil er keine Sünde kannte, konnte er unsere auf sich nehmen. Das Evangelium ist die gute Nachricht von diesem großen Wechsel. Dieser Wechsel hat am Kreuz stattgefunden. Der Herr Jesus hat an unserer Stelle den Zorn Gottes auf sich genommen, den unsere Sünden verdient hatten, damit wir im Gegenzug seine Gerechtigkeit empfangen konnten.

Neben dem Geschenk der vollkommenen und ewigen Rettung hat dies noch eine andere unmittelbare Konsequenz. Versöhnt mit Gott werden wir zu Christi Botschaftern in der Welt. Allen, die mit Gott versöhnt sind, wurde die Botschaft der Versöhnung anvertraut (V. 19). Entscheidend dafür, dass wir Botschafter sind, ist, dass Gott durch uns seinen Aufruf an andere ergehen lässt (V. 20). Das macht Sinn, denn wenn wir zurückschauen auf unsere eigene Bekehrung und Wiedergeburt, erkennen viele von uns, dass Gott Christen benutzt hat, in seinem Namen zu uns zu sprechen.

Recht verstanden, ist es Gott selbst, der in der Evangelisation den Aufruf macht. Wir sollen die Menschen anflehen: „Lasst euch versöhnen mit Gott" (V. 20). Wir sollen sie drängen, Frieden mit ihm zu finden durch die Vorkehrung, die er durch den Tod seines Sohnes für die Sünder getroffen hat. Wenn wir dies tun, dann ist es Gottes Stimme, die sie hören und erkennen. Welches größere Privileg könnte es im Leben geben?

Je mehr wir das Evangelium und seine Herrlichkeit verstehen, desto mehr erkennen wir unser Vorrecht, es anderen weiterzusagen. Wir sind nicht alle gerufen, Evangelisten, Pastoren und Lehrer zu sein. Wir sind jedoch alle aufgerufen, bereitwillig die Hoffnung zu begründen, die wir durch den Herrn Jesus Christus haben (1.Petr 3,15).

Wenn wir das Wunder des Evangeliums, unsere Gottesfurcht, die treibende Kraft der Liebe unseres Erlösers und die Gewissheit, dass das Wunder der Wiedergeburt mit der Verkündigung des Evangeliums einhergehen wird, zusammenbringen, finden wir jede Ermutigung zum Weitermachen, genau wie Paulus und seine Gefährten!

Vertiefen und anwenden:

1. Wie würden Sie in zeitgemäßer Sprache einem Nichtchristen die Botschaft der Versöhnung erklären?
2. Das Element des „nicht mehr" im Leben eines Christen ist Teil der „neuen Schöpfung" (V. 17). Welche radikalen Veränderungen haben sich in Ihrem Leben als Folge der Wiedergeburt vollzogen?
3. Was unterscheidet den Tod des Herrn Jesus Christus von allen anderen Todesfällen?
4. Zwar haben alle Christen den Auftrag, das Evangelium weiterzusagen, doch diejenigen, die zum Predigen berufen sind, tragen besondere Verantwortung. Wie sollten wir nach dem, was wir in diesem Abschnitt lesen, für sie in dieser Aufgabe beten?

Notizen:

10.
Den Dienst des Neuen Bundes ehren

2. Korinther 6,1-13

Ziel

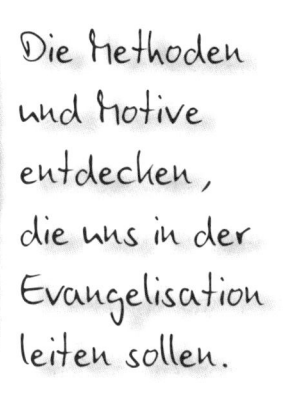

> Die Methoden und Motive entdecken, die uns in der Evangelisation leiten sollen.

Als Mitarbeiter aber ermahnen wir euch, dass ihr die Gnade Gottes nicht vergeblich empfangt. Denn er spricht (Jes 49,8): „Ich habe dich zur Zeit der Gnade erhört und habe dir am Tag des Heils geholfen." Siehe, jetzt ist die Zeit der Gnade, siehe, jetzt ist der Tag des Heils! Und wir geben in nichts irgendeinen Anstoß, damit unser Amt nicht verlästert werde; sondern in allem erweisen wir uns als Diener Gottes: in großer Geduld, in Trübsalen, in Nöten, in Ängsten, in Schlägen, in Gefängnissen, in Verfolgungen, in Mühen, im Wachen, im Fasten, in Lauterkeit, in Erkenntnis, in Langmut, in Freundlichkeit, im Heiligen Geist, in ungefärbter Liebe, in dem Wort der Wahrheit, in der Kraft Gottes, mit den Waffen der Gerechtigkeit zur Rechten und zur Linken, in Ehre und Schande; in bösen Gerüchten und guten Gerüchten, als

> Verführer und doch wahrhaftig; als die Unbekannten, und doch bekannt; als die Sterbenden, und siehe, wir leben; als die Gezüchtigten, und doch nicht getötet; als die Traurigen, aber allezeit fröhlich; als die Armen, aber die doch viele reich machen; als die nichts haben, und doch alles haben. Oh ihr Korinther, unser Mund hat sich euch gegenüber aufgetan, unser Herz ist weit geworden. Eng ist nicht der Raum, den ihr in uns habt; eng aber ist's in euren Herzen. Ich rede mit euch als mit meinen Kindern; stellt euch doch zu mir auch so, und macht auch ihr euer Herz weit.
>
> 6,1–13

Es ist schwer zu sagen, ob die Verse 1 und 2 von Kapitel 6 mit dem Ende von Kapitel 5 oder mit dem ersten Teil von Kapitel 6 ab Vers 3 in Zusammenhang gebracht werden sollen. Sie stellen eine Brücke dar zwischen den beiden Teilen. In Kapitel 5,11–21 hat Paulus von dem Wunder des Evangeliums gesprochen – in dessen Errungenschaften und der Verkündigung des versöhnenden Werkes Gottes durch den stellvertretenden Tod seines Sohnes.

Die Korinther kannten das Evangelium gut, denn sie hatten es von Paulus selbst empfangen (Apg 18,11; 1.Kor 15,1–8). Als Paulus und seine Gefährten diese gute Nachricht verkündigten, hatten sie erkannt, dass dies für sie der „Tag des Heils" war (V. 2). Es war der Zeitpunkt, als sie persönlich Gott um Rettung bitten konnten, die er in seinem Sohn verspricht. Sie riefen, und er hörte sie: Sie wurden gerettet. In seiner Gnade erhört uns Gott, und am Tag der Errettung hilft er uns (V. 2). Das wussten die Korinther.

Doch das Wissen allein reicht nicht aus. Gottes Gnade muss „empfangen" und wirksam empfangen werden, das heißt, nicht „vergeblich". Wir bekommen die Gnade Gottes, damit sie ihr Werk in uns tut.

Eine Schlüsselfrage

Darum sollten wir unbedingt die Frage stellen: Was bedeutet es, die „Gnade Gottes vergeblich" zu empfangen (V. 1)? Die Antwort finden wir, wenn wir den Zusammenhang zwischen Gnade und Dankbarkeit erkennen. Gottes Gnade vergeblich zu empfangen, bedeutet, nicht mit der Dankbarkeit zu reagieren, die einfordert, dass wir den Rest unseres Lebens in frohem Gehorsam leben (vgl. 2.Kor 5,15). Die angemessene Reaktion auf Gnade ist Dankbarkeit. Bedeutsamerweise drückt das griechische Wort beides aus. In der christlichen Lehre ist Theologie Gnade und Ethik ist Dankbarkeit.

Dankbarkeit sollte unser Leben lang ein entscheidendes Merkmal für uns als Christen sein. Wachsend und auferbaut im Herrn Jesus und gestärkt durch unseren uns von Gott gegebenen Glauben sollten wir überfließen vor Dankbarkeit zu Gott (Kol 2,7). Dankbarkeit ist eines unserer gesündesten Gefühle. Wenn wir zum Beispiel die ersten Verse von Psalm 103 lesen, dann leuchtet in jeder Zeile Dankbarkeit hervor. Sie ist summa summarum die Pflicht des Christen. Wenn wir in Dankbarkeit Gott und seinem Sohn gegenüber leben, dann leben wir heilig. Wir lassen unser geistliches Leben verkümmern, wenn wir undankbar leben.

Dem menschlichen Herz fällt es nicht leicht, Dankbarkeit zu unterhalten und aufrechtzuerhalten. Unser Gedächtnis ist viel zu vergesslich. Ein Grund für die Einführung des Abendmahls und die Notwendigkeit, uns regelmäßig um den Tisch des Herrn zu versammeln, ist, unsere Erinnerung an seine Gnade erneut wachzurufen, sodass wir uns erneut entschließen, in Dankbarkeit zu leben. Gnade führt zur Dankbarkeit und zerstört unsere natürliche Veranlagung, Gott zu widerstehen. Sie führt uns dazu, Freude zu haben an seinen Gesetzen wie nie zuvor. Sie ist eine wichtige Motivation für den Dienst für den Herrn Jesus. Der Appell des Paulus an die Korinther, Gottes Gnade nicht vergeblich empfangen zu haben, gilt darum auch uns. Der Beweis dafür, dass wir sie empfangen haben, ist, dass sie ihr Werk in uns tut.

Das Leben der Botschafter muss ihre Botschaft empfehlen

Paulus hat sich und seine Mitarbeiter als „Botschafter Christi" (2.Kor 5,20) bezeichnet, ein Titel, den wir in gewisser Weise auch für uns beanspruchen mögen, da das apostolische Evangelium uns anvertraut worden ist. Durch die Bitte an die Korinther, „die Gnade Gottes nicht vergeblich" empfangen zu haben, erfüllen Paulus und seine Gefährten ihre diplomatische Aufgabe als „Gottes Mitarbeiter". Sie verkündigten das, wovon sie wussten, dass ihr Herr wollte, dass ihre Hörer es zu hören bekamen.

In der Übersetzung der New International Version wird den Versen 3 bis 13 die Überschrift Die Nöte des Paulus gegeben, aber aus zwei Gründen ist diese Überschrift nicht besonders zutreffend. Erstens, Paulus verwendet das Wort „wir" (V. 3). Das, was er schreibt, trifft also nicht allein auf ihn zu. Zweitens, in dem, was er schreibt, geht es nicht um seine Sorge um sich selbst, sondern um die Wertschätzung, die dem Dienst des Neuen Bundes entgegengebracht werden soll (V. 3). Er schreibt von „unserem Dienst", weil Gott ihm und seinen Gefährten diesen Dienst anvertraut hat; aber das Evangelium ist Gottes Evangelium, und der Dienst des Neuen Bundes ist sowohl die Gabe als auch das Werk Gottes.

Zum Dienst des Neuen Bundes gehört ganz wesentlich auch Gottes Name und Ehre, geradeso wie das Verhalten des Botschafters eng verbunden ist mit dem Ruf und der Wertschätzung seiner Nation. Es ist schwer, wenn nicht sogar unmöglich, die Verkündigung des Evangeliums vom Leben und Verhalten derjenigen zu trennen, die es verkündigen. Unser Verhalten wirft ein gutes oder schlechtes Bild auf die gute Nachricht, die wir verkündigen. Durch die Art, wie wir leben, sollen wir „der Lehre Gottes, unseres Heilands, Ehre machen" (Tit 2,10).

Die Qualität des Lebens derer, die Gott repräsentieren, sollte Gott der Welt empfehlen. Vermutlich hat Paulus niemals vergessen, welche Auswirkungen das Verhalten des Stephanus, selbst unter schlimmsten Qualen, auf ihn hatte (Apg 7,54-60). „Gottes Gnade nicht vergeblich" zu empfangen, bedeutet, so zu leben, dass unser Leben ein lebendiges Zeugnis für die Macht des Evangeliums ist. Dieses

Prinzip steht hinter dem dringenden Aufruf des Paulus zu Beginn von Kapitel 6. In den folgenden Versen erklärt er, was dies bedeutet.

Verhalten, das Christus und das Evangelium ehrt

Die Lehre des Paulus fasst das Verhalten, das dem Dienst des Neuen Bundes Ehre bereitet, in sieben Punkten zusammen.

Erstens, es bedeutet, keinen Anstoß zu geben.

„Wir geben in nichts irgendeinen Anstoß, damit unser Amt nicht verlästert werde" (V. 3). Nicht bekehrte Menschen versuchen immer wieder, Ausreden dafür zu finden, dass sie nicht an das Evangelium glauben. Eine sehr häufige Entschuldigung ist das widersprüchliche Verhalten derer, die sich Christen nennen. Auch Christen mögen die klare Lehre der Bibel abschütteln, wenn ihre Lehrer nicht ein Beispiel dafür sind, was sie lehren. Sich dieses Problems bewusst zu sein, hilft, es zu umgehen. Unser Herr Jesus hat besonders die gewarnt, die den Kindern solche Hindernisse in den Weg legen (Mt 18,6).

Zweitens, ein Verhalten, das Christus und das Evangelium ehrt, verlangt, dass wir uns als solche erweisen, die erdulden können – das heißt, dass wir Überwinder sind.

„Erdulden" bedeutet, Schwierigkeiten, Nöte, Kummer, Schläge, Kerker, harte Arbeit, schlaflose Nächte oder Hunger überwinden (V. 4.5). Mit dieser Liste beschreibt Paulus einige der Erfahrungen, die er und seine Gefährten gemacht hatten. Das Erdulden ist ein durchgängiges Thema im Neuen Testament und Teil der Jüngerschaft (Röm 15,4; 1.Kor 4,12; Kol 1,11; 2.Tim 2,3.10.12; Hebr 12,7; Offb 3,10). Die Gefahr, wenn man mit solchen Schwierigkeiten konfrontiert wird, ist, zusammenzubrechen, aufzugeben und sich zurückzuziehen. Zu erdulden bedeutet nicht, inmitten dieser Herausforderungen auszuharren, bis sich eine zufrieden stellende Lösung abzeichnet, sondern dies ohne Murren oder Bitterkeit zu tun – mit anderen Worten, auf Gnade mit Dankbarkeit zu reagieren.

Drittens, ein Verhalten, das Christus und das Evangelium ehrt, muss durch Reinheit gekennzeichnet sein (V. 6).

Zur fundamentalen und grundlegenden ethischen Unterweisung neuer Christen gehört der Hinweis, dass wir nach Gottes Willen „geheiligt werden sollen". Zur Heiligung gehört, sexuelle Unmoral zu meiden und zu lernen, unseren Körper auf eine Weise zu kontrollieren, die heilig und ehrenhaft ist (1.Thess 4,3).

Leider hat die Erfahrung gezeigt, dass eine der listigsten Wege, auf denen der Seelenfeind Christus und seinem Evangelium Unehre bringen kann, in den moralischen – und häufig sexuellen – Unüberlegtheiten und Sünden derer besteht, die das Evangelium verkündigen. Das sollte uns nicht überraschen, denn dies ist der Bereich, in dem der Mensch besonders verwundbar ist. Dies ist jedoch keine Entschuldigung, und Dankbarkeit, als Reaktion auf seine Gnade, veranlasst uns, umso entschlossener auf der Hut zu sein und keine Entschuldigungen aus Mangel an Wachsamkeit zuzulassen. Praktische Reinheit setzt die Reinheit der Motive und Ziele voraus. Wenn wir bei der Verkündigung des Evangeliums oder bei der Seelsorge feststellen, dass wir Zuneigung zu einer Person des anderen Geschlechts empfinden oder wenn wir jemandem besonders nahe kommen, sollten die Alarmglocken zu läuten beginnen. Wir sollten dann sofortige Abwehr- und Schutzmaßnahmen ergreifen. Wenn wir uns jedoch einreden, wir hätten das nicht nötig, so zeigt das, dass wir viel verletzlicher sind, als wir zugeben wollen.

Viertens, Verhalten, das Christus und das Evangelium ehrt, ist gekennzeichnet durch Erkenntnis, Geduld, Freundlichkeit und Liebe in der Kraft des Geistes (V. 6).

Die „Erkenntnis", die Paulus hier meint, wird nicht näher definiert. Dessen Stellung zwischen „Lauterkeit" und „Langmut" lässt darauf schließen, dass ein „Verständnis" für Prioritäten und Menschen gemeint ist. Eine solche Einsicht gehört zum Wirken des Heiligen Geistes in uns. Langmut, Freundlichkeit und Liebe sind Aspekte seiner Frucht in unserem Leben (Gal 5,22). In unserem Umgang mit anderen sollen wir das Wesen des Herrn Jesus widerspiegeln und darstellen.

10. Den Dienst des Neuen Bundes ehren

Fünftens, Verhalten, das Christus und das Evangelium ehrt, erfordert wahrhaftige Rede (V. 7).

Wenn die Menschen unserem Zeugnis vom Neuen Bund Glauben schenken sollen, müssen sie uns glauben können, was wir über alles andere sagen. Sie werden die Wahrhaftigkeit des Evangeliums an dem messen, was sie bereits über unsere Wahrhaftigkeit wissen. Sie werden die Zuverlässigkeit der Verheißungen Gottes an unserer Zuverlässigkeit messen. Der Gott und Vater unseres Herrn Jesus Christus ist der Gott der Wahrheit, und Wahrhaftigkeit in jeder Form muss uns auszeichnen.

Sechstens, Verhalten, das Christus und das Evangelium ehrt, erfordert Abhängigkeit von der Kraft Gottes, vor allem beim Gebrauch der Waffen der Gerechtigkeit (V. 7).

Ohne Gottes Kraft und Stärke können wir nichts von bleibendem Wert erreichen. Wir können keinen geistlichen Krieg mit rein menschlichen Mitteln führen. Wie der Herr Jesus gelehrt hat, können wir ohne ihn nichts von Wert tun (Joh 15,5). Wenn die Welt von Waffen spricht, sind in der Regel sichtbare menschliche Hilfsmittel und Waffen des menschlichen Prestiges oder der Achtung gemeint. Die Waffen, die wir in Abhängigkeit von der Kraft Gottes einsetzen sollten, sind „Waffen der Gerechtigkeit zur Rechten und zur Linken" (V. 7). Dadurch wird ausgedrückt, dass wir uns in allem, was wir tun, ausnahmslos darauf konzentrieren müssen, zu tun, was in Gottes Augen richtig ist. Wir sollen nicht nur das tun, was aus menschlicher Sicht gegeben oder ratsam erscheint. Vielmehr sollen wir fragen: „Was ist in Gottes Augen richtig und steht in Übereinstimmung mit der Lehre seines Wortes und der Anwendung seiner Prinzipien?"

Wenn wir eine solche Frage ehrlich stellen, wird uns Gott der Heilige Geist, der Geist der Wahrheit, zur richtigen Antwort führen. Wenn wir seiner Leitung folgen, halten wir in der einen Hand sein Schwert, die Bibel, und in der anderen den Schild des Glaubens, einen Schild, den wir immer dann heben, wenn wir Gott um Hilfe bitten, um zu tun, was richtig ist. Diese Waffen sollen „in Ehre und Schande; in bösen Gerüchten und guten Gerüchten, als Verführer und doch wahrhaftig"

Einsatz finden, ob wir nun von der Welt anerkannt oder ignoriert werden (V 8.9). Unsere Strategie, während wir unseren Dienst des Neuen Bundes versehen, ist, nicht nach weltlichen Maßstäben weise oder politisch opportun zu handeln, sondern geistlich zu handeln und Christus Ehre zu machen.

Manchmal hatte Paulus einen guten Ruf, manchmal wurde er als unbedeutend angesehen und verächtlich behandelt. Er wurde sowohl diffamiert als auch gelobt, kritisiert als auch wertgeschätzt. Solche Erfahrungen machen alle, die in Jesu Fußstapfen wandeln und als seine Repräsentanten und Botschafter dienen.

Siebtens, Verhalten, das Christus und das Evangelium ehrt, erfordert die Bereitschaft, für andere zu leben (V. 9.10).

Einige mögen vielleicht den Tod für das Evangelium erleiden; andere werden „gezüchtigt und doch nicht getötet" (V. 9). Wir mögen traurig sein, „aber allezeit fröhlich" (V. 10). Wir mögen viele reich machen, „als die nichts haben und doch alles haben" (V. 10). Ein solcher Lebensstil ist überaus vernünftig, wenn wir in der Gewissheit leben, die Paulus am Ende von Kapitel 4 ausspricht: „Denn unsre Trübsal, die zeitlich und leicht ist, schafft eine ewige und über alle Maßen gewichtige Herrlichkeit, uns, die wir nicht sehen auf das Sichtbare, sondern auf das Unsichtbare. Denn was sichtbar ist, das ist zeitlich; was aber unsichtbar ist, das ist ewig" (V. 17.18).

Offenherzigkeit

Indem Paulus so offenherzig schreibt, halten er und seine Gefährten ihre Gefühle nicht zurück (V. 11). Dieser direkte Ansatz ist auf ihre Zuneigung zu den Korinthern zurückzuführen (V. 12). Paulus sehnte sich danach, dass sie sie erwidern würden. Und wieder wird die etwas angespannte Beziehung zwischen ihnen deutlich. Wenn wir uns dessen bewusst werden, dass Menschen zurückhaltend sind und vielleicht nicht bereit, sich uns zu öffnen, dann ist es oft der beste Weg, den ersten Schritt zu machen und uns ihnen gegenüber zu öffnen, anstatt zu murren und die Sache als verloren anzusehen.

Damit machen wir uns verletzlich, denn es besteht die Gefahr, dass sie uns umso mehr zurückweisen. Trotzdem ist dies der Weg der Liebe und die Art von Verhalten, die dem Herrn Jesus und dem Neuen Bund Ehre macht.

Vertiefen und anwenden:

1. Inwiefern können die äußeren Erscheinungen von Menschen und / oder die äußeren Umstände Einfluss darauf haben, ob wir danach streben, mit ihnen das Evangelium zu teilen? Gibt es Menschen oder Gruppen, bei denen wir das für unmöglich halten? Warum ist eine solche Einstellung falsch?

2. Inwiefern kann der Dienst des Evangeliums in Misskredit gebracht werden?

3. Warum ist Ausdauer im Leben eines Christen so wichtig? Wenn Ihnen die Antwort auf diese Frage schwer fällt, lesen Sie Matthäus 10,22; Markus 13,13; Apostelgeschichte 14,22; 1. Petrus 1,6.7; Offenbarung 2,26.

Notizen:

11.
In der Welt, aber nicht von der Welt

2. Korinther 6,14-7,1

Ziel

> Unsere Absonderung für Gott in der Welt verstehen.

Zieht nicht am fremden Joch mit den Ungläubigen. Denn was hat die Gerechtigkeit zu schaffen mit der Ungerechtigkeit? Was hat das Licht für Gemeinschaft mit der Finsternis? Wie stimmt Christus überein mit Beliar? Oder was für ein Teil hat der Gläubige mit dem Ungläubigen? Was hat der Tempel Gottes gemein mit den Götzen? Wir aber sind der Tempel des lebendigen Gottes; wie denn Gott spricht: „Ich will unter ihnen wohnen und wandeln und will ihr Gott sein, und sie sollen mein Volk sein" (3.Mose 26,11.12; Hes 37,27). Darum „geht aus von ihnen und sondert euch ab", spricht der Herr; „und rührt nichts Unreines an, so will ich euch annehmen und euer Vater sein, und ihr sollt meine Söhne und Töchter sein", spricht der allmächtige Herr (Jes 52,11; Hes 20,41; 2. Sam 7,14).

> *Weil wir nun solche Verheißungen haben, meine Lieben, so lasst uns von aller Befleckung des Fleisches und des Geistes uns reinigen und die Heiligung vollenden in der Furcht Gottes.*
>
> 6,14–7,1

Paulus wendet sich nun einer seelsorgerischen Angelegenheit zu. Ganz eindeutig ist dies Teil dessen, was er im Sinn hatte, als er den Korinthern schrieb, sie sollten Gottes Gnade nicht vergeblich empfangen (V. 1).

Gott möchte, dass auf die *Gabe* der Erlösung die *Erfahrung* der Erlösung folgt. Jesaja erklärt: „Siehe, Gott ist mein Heil, ich bin sicher und fürchte mich nicht; denn Gott der Herr ist meine Stärke und mein Psalm und ist mein Heil" (Jes 12,2). Gerettet zu werden, bedeutet hier, die Wahrheit über Gott zu verstehen, die Ängste zu vertreiben und so Gottes Kraft und Freude zu entdecken, dass unsere Lippen ein Lied anstimmen.

Erlösung ist nicht etwas, das Gott gelegentlich schenkt. Vielmehr gehört sie zu seinen Attributen, denn er ist der rettende Gott. Von der Erlösung wird im Neuen Testament immer in drei Zeiten gesprochen. Wir sind errettet worden (Eph 2,8), da wir, wenn wir unseren Glauben auf den Herrn Jesus Christus gesetzt haben, von der Schuld und Strafe der Sünde befreit wurden. Wir werden auch zu dieser gegenwärtigen Zeit errettet, indem wir von der Macht der Sünde befreit werden (1.Kor 1,18). Überdies werden wir errettet werden, weil wir bei der Wiederkunft unseres Erretters sogar für immer von der Gegenwart der Sünde errettet werden (Röm 5,9; Phil 3,21). Im Brief des Paulus an die Römer wird das Verb „erlösen" kennzeichnend an sieben von acht Stellen im Futur gebraucht. Teil der gegenwärtigen Erfahrung der Errettung ist, dass wir von dem Druck der Welt befreit sind, den sie auf uns ausübt, in unserem Glauben und unsere Loyalität unserem Herrn Jesus Christus gegenüber Kompromisse einzugehen. Paulus nimmt damit Bezug auf eine Herausforderung, die wir alle kennen.

Das Problem identifizieren

Das Problem ist die richtige Beziehung zwischen Christen und Nichtchristen, vor allem im Hinblick auf Ehe und Geschäftspartnerschaften.

11. In der Welt, aber nicht von der Welt

Kein Korinther stand lange im Glauben. Sie waren vergleichsweise jung im Glauben. Vermutlich hatten sie alle nicht bekehrte Familienmitglieder. Bei der täglichen Arbeit kamen sie immer mit ungläubigen Kollegen in Berührung. Sie lebten unter Nachbarn und Freunden, die keine Christen waren. Wie eng sollte ihre Beziehung zu ihnen sein?

Die Frage ist immer relevant, weil wir bei der Wiedergeburt in vielerlei Hinsicht andere Menschen werden. Wie Paulus im vorhergehenden Kapitel schrieb: „Darum: Ist jemand in Christus, so ist er eine neue Kreatur; das Alte ist vergangen, siehe, Neues ist geworden" (5,17).

Die Veränderung in vielen Korinthern hatte dramatische Formen angenommen. In seinem ersten Brief fragte Paulus: „Oder wisst ihr nicht, dass die Ungerechten das Reich Gottes nicht ererben werden?" Nachdem er diese Frage gestellt hatte, fährt er fort: „Lasst euch nicht irreführen! Weder Unzüchtige noch Götzendiener, Ehebrecher, Lustknaben, Knabenschänder, Diebe, Geizige, Trunkenbolde, Lästerer oder Räuber werden das Reich Gottes ererben." Dann macht er eine eindrucksvolle Aussage: „Und solche sind einige von euch gewesen. Aber ihr seid reingewaschen, ihr seid geheiligt, ihr seid gerecht geworden durch den Namen des Herrn Jesus Christus und durch den Geist unseres Gottes" (1.Kor 6,9–11).

Wegen unserer Einheit mit dem Herrn Jesus Christus gehören wir nicht mehr zu der Welt, wie es früher der Fall war (Kol 2,20). Wir marschieren zu einem anderen Trommelschlag. Wir führen unser Leben nach einem anderen Zeitplan. Trotzdem leben wir auch weiterhin in der Welt. Dies zu tun, ohne sich negativ beeinflussen zu lassen, ist nicht leicht. Es ist sogar fast ein Ding der Unmöglichkeit, in der Welt zu leben und vor ihren Einflüssen verschont zu bleiben, genauso unmöglich wie schwimmen zu gehen, ohne nass zu werden, oder in einem Garten zu arbeiten, ohne sich schmutzig zu machen. Die Denkart der Welt fokussiert das Körperliche und Sexuelle und nicht das Geistliche und Heilige. Das Leben in der Welt ist einem Umfeld vergleichbar, in dem immer die Gefahr einer Ansteckung mit einer tödlichen Krankheit besteht. Gottes gegenwärtige Absicht ist jedoch nicht, uns aus der Welt zu nehmen, oder dass wir die Menschen um uns herum ignorieren sollen. Das Gegenteil ist der Fall. Wir haben die Aufgabe und die Pflicht, der Welt Zeugnis zu geben und Menschen für den Herrn Jesus Christus zu gewinnen.

Wenn wir in der Welt sind und nicht von ihr, und uns der Aufgabe verschrieben haben, das Zeugnis von Jesus Christus in die Welt hineinzutragen, wie eng sollte denn dann unsere Beziehung zur Welt sein? Das ist eine wichtige Frage. Unser Umgang muss echt sein, denn sonst können wir nicht Salz und Licht sein. Im Korinth des ersten Jahrhunderts wurde Fleisch nicht dadurch vor dem Verderben gerettet, dass man es vor dem Salz schützte. Wir lindern die Dunkelheit der Welt nicht dadurch, dass wir ihr das Licht entziehen.

Unausweichliche Spannungen

„Zieht nicht am fremden Joch mit den Ungläubigen" (V. 14), lautet die Ermahnung des Paulus. „Joch" ist ein Begriff, der in Verbindung mit Tieren gebraucht wird. Ochsen zum Beispiel wurden beim Pflügen ins selbe Joch eingespannt. Dieses Wort spricht von einer engen Verbindung, einer Partnerschaft der engsten Art.

In einer engen Partnerschaft mit Männern und Frauen dieser Welt kommt es aus vier Gründen unvermeidbar zu Spannungen:

Erstens, es besteht eine Spannung zwischen Gerechtigkeit und Ungerechtigkeit (V. 14).

Die praktische Folge der Beziehung der Christen zu dem wahren und gerechten Gott ist, dass sie verpflichtet sind, das Richtige zu tun, ungeachtet der Kosten und ohne Widerrede. Das heißt nicht, dass unbekehrte Menschen sich keine Mühe geben, das Richtige zu tun. Doch für sie nimmt dies vielleicht nicht die oberste Priorität ein. Selbstinteresse und Bequemlichkeit können diesen Wunsch manchmal in den Hintergrund drängen.

Zweitens, es besteht eine Spannung zwischen Licht und Dunkelheit (V. 14).

Gott ist Licht, und der Herr Jesus Christus sprach von sich als dem Licht der Welt (Joh 8,12). In Gemeinschaft mit Gott zu leben, bedeutet, „im Licht wandeln, wie er im Licht ist" (1.Joh 1,7). In die Familie Gottes hineingeboren, erkennen Christen Gottes Licht auf ihrem Weg. Wenn wir im Einklang mit Gott leben, erkennen wir deutlich den Weg, den wir nach Gottes Willen gehen sollen. Falls man nicht wiedergeboren ist, ist jedoch der Verstand dieser Menschen durch die Sünde verdunkelt und vom Herrscher der Dunkelheit, dem Teufel, dominiert, so wie es bei uns einst der Fall war.

Drittens, es besteht eine Spannung zwischen Christus und Beliar (V. 15).

Das Wort „Beliar" ist häufig im Alten Testament zu finden. Seine ursprüngliche Bedeutung ist entweder Wertlosigkeit oder hoffnungsloser Ruin. In der Zeitspanne zwischen dem Alten und Neuen Testament wurde es zum Namen für Satan. Nachdem Christen von der Herrschaft der Dunkelheit befreit und in das Reich des Sohnes Gottes gebracht worden sind (Kol 1,13), stehen sie eindeutig auf der Seite Christi und widerstehen den Werken des Satans. Männer und Frauen dieser Welt stehen ohne ihr Wissen unter der Herrschaft Satans.

Viertens, es besteht eine Spannung zwischen dem Tempel Gottes und Götzen (V. 16).

Anbetung einer Gottheit zeigte sich im ersten Jahrhundert in Loyalität dem Tempel oder Schrein des Gottes gegenüber, wo die Menschen anbeteten. Das Verständnis von Anbetung, das Christen haben, unterscheidet sich von dem, das unbekehrte Menschen haben. Das Evangelium des Neuen Bundes offenbart, dass der Tempel Gottes kein materielles Gebäude aus Holz und Stein ist. Vielmehr ist sein Volk, aus denen Gott lebendige Steine formt, sein geistlicher Tempel, den er durch seinen Geist bewohnt. Die Menschen dieser Welt denken, ihre so genannten Götter wären mit bestimmten Orten in Verbindung zu bringen, wo als Bestandteil der Anbetung manchmal unehrenhafte Praktiken durchgeführt werden. Die beiden Vorstellungen, die eine wahr und die andere falsch, stehen im vollkommenen Widerspruch zueinander.

Diese vier Spannungen hängen zusammen, da sie all jene Aspekte darstellen, die den Unterschied zwischen den einmal Geborenen und den zweimal Geborenen aufzeigen. Zwar teilen wir als Christen viele Dinge mit den Ungläubigen, doch die Dinge, die wir nicht mit ihnen gemein haben, machen eine „Partnerschaft" ohne Kompromisse unmöglich.

Ehe und Geschäft

Traditionell wurde diese Bibelstelle in erster Linie auf die Ehe bezogen. Das ist korrekt, da wir dieselben Prinzipien auch an anderer Stelle in der Bibel finden (zum Beispiel 1.Kor 7,39). Wenn eine Ehe gelingen soll, müssen die grundlegenden Interessen beider Partner übereinstimmen. Für Christen ist der wichtigste Teil ihres Lebens die Beziehung zu Gott durch Jesus Christus. Die Freuden und Privilegien dieser Beziehung nicht mit einem Ehepartner teilen zu können, sät eher den Samen einer möglichen Trennung als den der Einigkeit. Wichtiger noch: Es macht Gott Unehre, da er den ersten Platz in unseren Zuneigungen einnehmen möchte. Die „erste Liebe" (Offb 2,4), die wir unserem Herrn entgegengebracht haben, ist das Mindestmaß an Priorität in unserem Leben. Unweigerlich werden in einer Ehe ungleicher Partner Probleme entstehen. Viele davon hängen mit der Erziehung der Kinder und dem Vorbild zusammen, das Eltern ihren Kindern sein sollen.

Die Anwendung des Begriffes Joch reicht jedoch über die Ehe hinaus. Es ist schade und wenig hilfreich, dass wir es häufig darauf beschränken. Wir müssen es auch auf andere Partnerschaften wie zum Beispiel Geschäftsbeziehungen anwenden. Viele Geschäftsinhaber können von den Spannungen in ihrer Beziehung zu ihrem ungläubigen Geschäftspartner berichten, die durch ihre Bekehrung entstanden sind. Im Geschäftsleben steht der Profit an erster Stelle, doch für den Christen kann dies nicht das alles bestimmende Motiv sein, wenn moralische Maßstäbe und Überzeugungen auf dem Spiel stehen. Wie im Falle einer Heirat wird hier nicht gesagt, dass ein neu bekehrter Chef oder Geschäftspartner sofort die Verbindung zu dem nichtchristlichen Partner lösen sollte. Das wäre unehrenhaft, und eine solche Entscheidung ist vielleicht nicht immer der richtige Weg. Es ist jedoch wichtig, dieses Prinzip im Einklang mit anderen Prinzipien aus der Bibel anzuwenden, zum Beispiel unserer Aufgabe, Salz zu sein in der Welt. In Berufen, in denen Partnerschaften notwendig sind, wird eine Partnerschaft häufig als Beförderung angeboten, wie in vielen anderen Berufssparten ein Posten in der Geschäftsleitung.

Die Beförderung könnte eine von Gott gegebene Gelegenheit sein, einen christlichen Beitrag da zu leisten, wo er dringend benötigt wird. Wir müssen jedoch vorsichtig sein, eine Partnerschaft zu *beginnen* oder *einzugehen*, wenn hohe moralische Wertmaßstäbe nicht geteilt werden und wo unser christliches Zeugnis beeinträchtigt wird. Dieses Prinzip gilt auch für Mitgliedschaft und Besuch von Organisationen, die mit dem Evangelium in Glauben und Praxis nicht übereinstimmen.

Unsere neue Identität

„Wir aber sind der Tempel des lebendigen Gottes" (V. 16). Nachdem Paulus die Aufmerksamkeit auf das Problem gelenkt hat, erinnert er die Korinther an unsere neue Identität als Tempel Gottes. Die Bedeutung dieser Beschreibung der Kinder Gottes ist beträchtlich. Der Tempel nahm bei den Juden einen sehr hohen Stellenwert ein. Dort wollte Gott in einzigartiger Weise zugegen und in Heiligkeit angebetet sein.

Wesentlich für das geistliche Verständnis ist jedoch, dass kein von Menschenhänden erbauter Tempel Gott jemals aufnehmen oder ihm ein angemessenes Heim sein kann. Sowohl David als auch Salomo hatten dies erkannt. Das Neue Testament geht noch weiter und beschreibt, dass Gott einen neuen Tempel bauen wird, obwohl nicht aus Steinen und aus den natürlichen Ressourcen der Erde erbaut. Das Fundament, auf dem dieser Tempel erbaut sein wird, ist der Herr Jesus Christus, „ein auserwählter, kostbarer Eckstein" (1.Petr 2,6). Er ist der lebendige „Stein, der von den Menschen verworfen ist, aber bei Gott auserwählt und kostbar" (1.Petr 2,4). Wenn wir unser Vertrauen auf den Herrn Jesus Christus als den Sohn Gottes und unseren Erlöser setzen, dann bekommen wir geistliches Leben und werden wie lebendige Steine in den neuen Tempel Gottes eingebaut. Auf diese Weise auch zu geistlichen Priestern in diesem Tempel gemacht, können wir „geistliche Opfer" bringen, „die Gott wohlgefällig sind durch Jesus Christus" (1.Petr 2,5). Das Schlüsselthema in Bezug auf den Tempel Gottes, sei es nun in 2. Korinther 6 oder in 1. Petrus 2, ist der Glaube an Jesus Christus. Der Gegensatz besteht zwischen denen, die glauben, und denen, die nicht glauben.

Das einzigartige Privileg und die Herrlichkeit des Tempels Gottes ist seine Gegenwart. „Hier ist der Herr" (Hes 48,35). „Wir aber sind der Tempel des lebendigen Gottes; wie denn Gott spricht: ‚Ich will unter ihnen wohnen und wandeln und will ihr Gott sein, und sie sollen mein Volk sein'" (V. 16). Dies ist eine andere Art, die Wahrheit zum Ausdruck zu bringen, die wir in 1. Johannes 1,3 finden: „Was wir gesehen und gehört haben, das verkündigen wir auch euch, damit auch ihr mit uns Gemeinschaft habt; und unsere Gemeinschaft ist mit dem Vater und mit seinem Sohn Jesus Christus." Gemeinschaft mit Gott ist kein Mittel zum Zweck. Sie ist Zweck an sich. Wir sind ursprünglich für diese Gemeinschaft erschaffen worden, und durch die Gnade Gottes sind wir dafür in Christus wieder neu erschaffen worden. Gemeinschaft mit Gott ist der neue Wein des Reiches, von dem wir täglich trinken sollen und in Ewigkeit trinken werden.

Gottes Ruf an sein Volk

Auf der Basis dieses Verständnisses, dass das Volk Gottes sein Tempel ist, lässt Paulus den Ruf Gottes an uns ergehen, uns abzusondern. „Darum ‚geht aus von ihnen und sondert euch ab', spricht der Herr; ‚und rührt nichts Unreines an, so will ich euch annehmen'" (V. 17). Wir müssen erkennen, was dies in Bezug auf Heirat, Geschäftsleben und Beziehungen bedeutet.

Es ist ein Unterschied zu machen zwischen unserem Handeln in jenen Situationen, in denen wir uns bereits befunden hatten, bevor wir zum Glauben an Christus kamen, und denen, auf die wir uns einlassen, nachdem wir Christus gefunden haben. In 1. Korinther 7 wird deutlich, dass wir, falls wir bei unserer Bekehrung bereits mit einem Nichtchristen verheiratet waren, keinen Grund für eine Trennung von diesem Partner haben. Vielmehr sollte es unser Ziel sein, ihn für den Herrn Jesus Christus zu gewinnen. Es erscheint richtig, dieses Prinzip auch auf Geschäftsbeziehungen zu übertragen. Wir sollten keinen nichtchristlichen Geschäftspartner schädigen, indem wir uns sofort von ihnen zurückziehen und alle Verbindungen kappen. Dies kann sich im Laufe der Zeit als der richtige Weg herausstellen, aber auf keinen Fall darf dies von heute auf morgen passieren, ohne Berücksichtigung unserer christlichen Pflicht, unseren Nächsten zu lieben wie uns selbst. Auf der anderen Seite wird es sicherlich richtig sein, sich sofort aus Organisationen wie den Freimaurern zurückzuziehen, die mit ihrer Einladung an alle Glaubensrichtungen und ihrem Glauben an das Gute im Menschen nicht die Einzigartigkeit Jesu Christi ehren und nicht an die Erlösung allein durch den Glauben an ihn glauben. Dieser Rückzug wird ein Teil unseres Zeugnisses für den Herrn Jesus Christus sein.

Der Ruf zur Absonderung ist die Aufforderung, anders zu sein als Folge unserer neuen Beziehung zu Gott. Er ist heilig, und sein Ruf an uns ist, ebenfalls heilig zu sein (1.Petr 1,16). Durch Heiligkeit zeigen wir mehr als durch alles andere, dass wir Gottes Kinder sind. Seine angenommenen Söhne und Töchter möchten ihm ähnlich sein. Durch das Erzielen eines solchen Wunsches ehren wir Gott.

Satan wird, wenn er kann, die Heiligkeit entstellen. Er wird versuchen, ihre Attraktivität zu verschleiern, sodass wir dann bei unserem Streben danach versagen. Er ermutigt uns, die Erreichung von Heiligkeit als einen Grund für unsere Annahme bei Gott zu sehen. Wenn ihm dies gelingt, verlieren wir den Blick für unsere Abhängigkeit von Gottes Gnade und verfallen in die Torheit, zum Glauben an die guten Werke zurückzukehren. Wenn Satan eine solche Entstellung nicht gelingt, versucht er uns über unsere langsamen Fortschritte in der Heiligung zur Verzweiflung zu bringen. Er redet uns ein, unsere persönliche Heiligkeit sei nur ein Abklatsch dessen, was sie sein sollte. So wahr diese Behauptung auf die meisten von uns auch zutrifft, müssen wir uns in Erinnerung rufen, dass Gottes Gnade ihr Werk nicht an einem Tag vollbringt. Wie John Newton[6] es ausdrückte: „Ich bin nicht, was ich sein sollte, ich bin nicht, was ich sein möchte, ich bin nicht, was ich hoffe, in einer anderen Welt zu sein, aber trotzdem bin ich jetzt nicht mehr, was ich früher war, und durch die Gnade Gottes bin ich, was ich bin." Wir tun gut daran, Robert Murray M'Cheynes[7] Gebet nachzusprechen: „Herr, mach mich so heilig, wie ein erretteter Sünder nur werden kann."

---

[6] John Newton (1725-1807), englischer Prediger und Liederdichter. Sein wohl bekanntestes Lied ist *Amazing Grace* (O Gnade Gottes, wunderbar).

[7] Robert Murray M'Cheyne (1814-1843), schottischer Theologe und Erweckungsprediger.

Gott fordert uns auf, alle Vorrechte als seine Kinder in Anspruch zu nehmen. Wenn wir uns aufrichtig von dem trennen, was ihm, wie wir wissen, missfällt, verspricht er: ‚‚So will ich euch annehmen und euer Vater sein, und ihr sollt meine Söhne und Töchter sein', spricht der Herr" (V. 18). Mit anderen Worten, wir werden uns schon jetzt an den Wohltaten der Beziehung erfreuen können, die unser ist in Christus.

Der Ort der Verheißungen Gottes

Gottes Verheißungen machen uns Mut, auf seinen gnädigen Ruf zu antworten. „Weil wir nun solche Verheißungen haben, meine Lieben, so lasst uns von aller Befleckung des Fleisches und des Geistes uns reinigen und die Heiligung vollenden in der Furcht Gottes" (V. 1). Seine Worte der Ermutigung an uns regen uns an, unsere Pflicht zu tun.

Während der Seelenfeind uns einreden will, wir sollten den Verheißungen Gottes misstrauen, ist es das besondere Werk des Geistes, ihre Kostbarkeit zu offenbaren. Seine Verheißungen sind die Währung unseres Glaubens. Wir sollen sie gebrauchen – ausgeben sozusagen –, um unseren Glauben und Gehorsam zu stützen. Wenn wir beten, sollen wir uns auf seine Verheißungen berufen (Neh 1,5–11). Wie Petrus uns erinnert: „Alles, was zum Leben und zur Frömmigkeit dient, hat uns seine göttliche Kraft geschenkt durch die Erkenntnis dessen, der uns berufen hat durch seine Herrlichkeit und Kraft. Durch sie sind uns die teuren und allergrößten Verheißungen geschenkt, damit ihr dadurch Anteil bekommt an der göttlichen Natur, die ihr entronnen seid der verderblichen Begierde in der Welt" (2.Petr 1,2.3).

Unsere angemessene Reaktion auf die Heiligkeit und die Verheißungen Gottes ist: „So lasst uns von aller Befleckung des Fleisches und des Geistes uns reinigen und die Heiligung vollenden in der Furcht Gottes" (V. 1). Heiligkeit ist wesentlich für das Werk des Heiligen Geistes. Er braucht unsere aktive Mitarbeit. Wenn unsere Ehrfurcht vor Gott am Platz ist, wird es auch unsere Antwort auf seinen Ruf zur Heiligkeit sein. Wenn wir ein Leben in Heiligkeit führen, in ehrlicher und vollkommener Hingabe an Gott, zeigen wir damit, dass wir Gottes Gnade nicht umsonst bekommen haben (2.Kor 6,1)!

Vertiefen und anwenden:

1. Was heißt es, wenn wir sagen, wir gehören nicht mehr zur Welt, wie wir es früher taten?

2. Wie würden Sie jemandem antworten, der fragt: „Warum sollte ein Christ keinen Nichtchristen heiraten?"?

3. Welche Spannungen können entstehen, wenn ein Christ eine geschäftliche Partnerschaft mit jemandem eingeht, der seinen Glauben an den Herrn Jesus Christus nicht teilt? Welche biblischen Prinzipien sollten uns an dieser Stelle leiten?

4. Welche praktischen Konsequenzen hat es für Gläubige, wenn sie „Tempel Gottes" genannt werden, in denen Gott wohnt?

Notizen:

12.
Um es ein für alle Mal klarzustellen

2. Korinther 7,2-16

Ziel

> Warum wir den Menschen Liebe zeigen und zuerst auf das Beste in ihnen sehen sollen.

Gebt uns Raum in euren Herzen! Wir haben niemand Unrecht getan, wir haben niemand verletzt, wir haben niemand übervorteilt. Nicht sage ich das, um euch zu verurteilen; denn ich habe schon zuvor gesagt, dass ihr in unserm Herzen seid, mitzusterben und mitzuleben. Ich rede mit großer Zuversicht zu euch; ich rühme viel von euch; ich bin erfüllt mit Trost; ich habe überschwängliche Freude in aller unsrer Bedrängnis. Denn als wir nach Mazedonien kamen, fanden wir keine Ruhe; sondern von allen Seiten waren wir bedrängt, von außen mit Streit, von innen mit Furcht. Aber Gott, der die Geringen tröstet, der tröstete uns durch die Ankunft des Titus; nicht allein aber durch seine Ankunft, sondern auch durch den Trost, mit dem er bei euch getröstet worden war. Er berichtete uns von eurem Verlangen, eurem Weinen, eurem Eifer *für mich, sodass ich mich noch mehr freute. Denn wenn ich euch auch durch den Brief traurig gemacht habe, reut es mich nicht. Und wenn es mich reute – ich sehe ja, dass jener Brief euch wohl eine Weile betrübt hat –, so freue ich mich doch jetzt nicht darüber, dass ihr betrübt worden seid, sondern darüber, dass ihr betrübt worden seid zur Reue. Denn ihr seid betrübt worden nach Gottes Willen, sodass ihr von uns keinen Schaden erlitten habt. Denn die Traurigkeit nach Gottes Willen wirkt zur Seligkeit eine Reue, die niemanden reut; die Traurigkeit der Welt aber wirkt den Tod. Siehe: eben dies, dass ihr betrübt worden seid nach Gottes Willen, welches Mühen hat das in euch gewirkt, dazu Verteidigung, Unwillen, Furcht, Verlangen, Eifer, Bestrafung! Ihr habt in allen Stücken bewiesen, dass ihr rein seid in dieser Sache. Darum, wenn ich euch auch geschrieben habe, so ist's doch nicht geschehen um dessentwillen, der beleidigt hat, auch nicht um dessentwillen, der beleidigt worden ist, sondern damit euer Mühen für uns offenbar werde bei euch vor Gott. Dadurch sind wir getröstet worden. Außer diesem unserm Trost aber haben wir uns noch überschwänglicher gefreut über die Freude des Titus; denn sein Geist ist erquickt worden von euch allen. Denn was ich vor ihm von euch gerühmt habe, darin bin ich nicht zuschanden geworden; sondern wie alles wahr ist, was wir mit euch geredet haben, so hat sich auch unser Rühmen vor Titus als wahr erwiesen. Und er ist überaus herzlich gegen euch gesinnt, wenn er an den Gehorsam von euch allen denkt, wie ihr ihn mit Furcht und Zittern aufgenommen habt. Ich freue mich, dass ich mich in allem auf euch verlassen kann.*

7,2–16

Paulus kehrt wieder zum Hauptgrund seines Briefes zurück. Die Korinther hatten einen früheren Brief missverstanden, und das hatte die Beziehung zwischen ihnen belastet. „Gebt uns Raum in euren

Herzen", fordert er sie auf. „Wir haben niemand Unrecht getan, wir haben niemand verletzt, wir haben niemand übervorteilt" (V. 2).

Leider kommen auch bei Christen, wie bei allen anderen Gruppen von Menschen, Missverständnisse vor. Der Seelenfeind, der Verkläger der Christen (Offb 12,10) steckt hinter vielen dieser Missverständnisse im Leben der Gemeinde. Ein englischer Prediger des neunzehnten Jahrhunderts, C.H. Spurgeon, forderte seinen Sohn in einem Brief auf: „Bekämpfe den Teufel und liebe die Diakone."

Zur Sprache bringen!

Paulus lenkt die Aufmerksamkeit auf die Anklagen, die gegen ihn und seine Gefährten erhoben worden waren. Irgendwie hatte er von den falschen Anschuldigungen gehört. Einige Korinther warfen ihm und seinen Gefährten Missetaten, Korruption und Ausbeutung vor (V. 2). Solche Beschwerden schädigten nicht nur ihren Ruf, sondern die Ehre des Herrn Jesus, den sie repräsentierten. Wenn wir wissen, dass Menschen uns vielleicht misstrauen oder dass sie unsere Motive missverstehen, ist es oft schwierig zu entscheiden, was zu tun ist. Eine offensichtlich gute Reaktion ist, auch weiterhin zu tun, was richtig ist, und darauf zu vertrauen, dass die betreffenden Personen schließlich unsere wahren Motive erkennen. Die Situation kann jedoch sehr ernst werden, und manchmal ist es besser, ihnen zu zeigen, dass wir wissen, was sie sagen und denken. Der Teufel freut sich über Anspielungen und Lügen. Die effektivste Antwort auf seine Aktivität ist manchmal, die Dinge ans Licht zu bringen, egal wie unangenehm dieser Prozess vielleicht auch sein mag.

Beteuerungen

Angesichts dieser Anschuldigungen ist Paulus sehr darauf bedacht, die Korinther zu beruhigen. Er und seine Mitarbeiter wollten, dass sie ihnen vertrauten – dass sie Raum für sie machten in ihren Herzen (V. 2). Er vergewisserte sie, die Anschuldigungen würden jeder Grundlage entbehren. Sie hatten niemandem Unrecht getan, verletzt und auch niemand übervorteilt. Die Korinther hätten eine derartig direkte Antwort als einen Vorwurf auslegen können. Um diese Möglichkeit auszuschließen, erklärt Paulus, dass er sie auf keinen Fall wegen der falschen Dinge, die sie gesagt haben, verurteile (V. 3).

Die Korinther hatten einen festen Platz im Herzen von Paulus und seinen Mitarbeitern. Sie wollten ihnen zeigen, dass sie auf ihrer Seite stehen und bereit sind, mit ihnen zu leben oder zu sterben (V. 3). Bewusst versichert Paulus an dieser Stelle seinen Lesern noch einmal seine große Zuversicht und betont, wie stolz er auf sie ist, wie sie ihn ermutigt haben und welche Freude sie für ihn sind. Wenn in Beziehungen etwas schief geht, ist ein guter Weg sie wieder aufzubauen, auf die guten Dinge hinzuweisen, die wir am anderen sehen.

Paulus weist darauf hin, dass die geistlichen Kämpfe, die er auszutragen hatte, durch seine Sorge um die Korinther noch verstärkt wurden, weil er keine Neuigkeiten von ihnen hatte (V. 5-7). Er und seine Gefährten wurden jedoch beruhigt, als Titus mit seinem Bericht von seinem Aufenthalt mit ihnen ankam und von dem Trost berichtete, der ihm von ihnen zuteil wurde. Gott versteht die „äußeren" Konflikte, die wir alle von Zeit zu Zeit haben, aber auch unsere „inneren Ängste". Er weiß, wie er uns trösten kann, manchmal durch den zeitigen Besuch eines christlichen Freundes, der Ermutigung bringt (V. 7). Diese Erfahrung hatte Paulus immer wieder gemacht (siehe zum Beispiel Apg 28,15; 2.Tim 1,16.17). Wir können uns vorstellen, welche Ermutigung es für Paulus und seine Gefährten war, als Titus berichtete: „Die Korinther lieben dich. Sie erinnern sich deiner in großer Zuneigung. Du bist ihnen wichtig."

Die Wahrheit über den Brief, der Aufregung verursacht hat

Paulus schreibt von seinen anfänglichen Befürchtungen in Bezug auf den Brief, den er geschrieben hatte. Seine Gefühle besserten sich jedoch im Laufe der Zeit, denn der Brief hatte seinen Zweck erfüllt (V. 8.9). Die Korinther waren gekränkt, aber nur eine Zeit lang.

Mit seinem Brief hat Paulus pastorale Zucht geübt. Diszipliniert zu werden ist nie angenehm, aber angemessen ausgeübt und empfangen bringt sie Frucht hervor. Darum ist es so töricht, die Ausübung von Gemeindezucht zu vernachlässigen. Es ist leichter, sich davor zu drücken, weil es schwer ist, den Dienst auszuüben, wenn wir einfühlsam und fürsorglich sind. Wenn uns die Menschen jedoch wirklich am Herzen liegen, so wie Kinder ihren Eltern, müssen wir sie mit einbeziehen, denn die Liebe fordert es.

Das Instrument, das Gott gebrauchte, um die Korinther zur Buße zu führen, war der Brief des Paulus: „So freue ich mich doch jetzt nicht darüber, dass ihr betrübt worden seid, sondern darüber, dass ihr betrübt worden seid zur Reue. Denn ihr seid betrübt worden nach Gottes Willen, sodass ihr von uns keinen Schaden erlitten habt" (V. 9). Sein Brief, so unangenehm er anfangs auch für sie war, hatte sie schließlich zum richtigen Handeln geführt. Ihr Kummer brachte sie Gott näher und nicht von ihm fort. Manchmal schrecken wir davor zurück, Gemeindezucht zu üben, weil wir Angst haben, die Menschen würden sich von Gott abwenden. Gott sorgt jedoch dafür, dass geistliche Disziplin, in der richtigen Haltung empfangen, ein Gewinn ist, kein Verlust!

Die Traurigkeit, mit der Gott uns zur Buße und Erlösung führt, ist nicht der Traurigkeit der Welt gleichzusetzen, „denn die Traurigkeit nach Gottes Willen wirkt zur Seligkeit eine Reue, die niemanden reut; die Traurigkeit der Welt aber wirkt den Tod" (V. 10). Zur Buße gehören drei Dinge: Reue, Bekenntnis und Umkehr. Sie bringt etwas Gutes hervor und niemals Verlust. „Siehe: eben dies, dass ihr betrübt worden seid nach Gottes Willen, welches Mühen hat das in euch gewirkt" (V. 11). Briefe können sehr von Nutzen sein, wenn ein persönliches Treffen mit Leuten unmöglich ist, obwohl ein persönliches Gespräch immer die bessere Möglichkeit ist.

Ein pastorales Prinzip

Paulus legt eine Denkpause ein und stellt hier ein pastorales Prinzip auf. „Siehe: eben dies, dass ihr betrübt worden seid nach Gottes Willen, welches Mühen hat dies in euch gewirkt, dazu Verteidigung, Unwillen, Furcht, Verlangen, Eifer, Bestrafung! Ihr habt in allen Stücken bewiesen, dass ihr rein seid in dieser Sache" (V. 11). Leid, ob nun verdient oder nicht, kann uns Gott näher bringen. Dann bringt es unschätzbaren Gewinn. Bei den Korinthern war es ein gewaltiger und bemerkenswerter Nutzen. Ihre von Gott gewirkte Traurigkeit diente dazu, die Echtheit ihres geistlichen Lebens zu beweisen. Sie wurden ernster. Sie waren sehr darauf bedacht, Schuld zu bereinigen. Sie empfanden eine größere Abneigung dem Unrecht gegenüber. Sie waren verkehrten Dingen gegenüber mehr alarmiert. Ihre Sehnsucht und Sorge wuchs. Sie bemühten sich noch mehr darum, Gerechtigkeit zu üben. Sie waren eifrig darum bemüht, Dinge in Ordnung zu bringen.

Die Ermutigung geistlicher Frucht

Diese von Gott gewirkte, aus seiner zweckdienlichen Anwendung pastoraler Zucht entstandene Traurigkeit machte Paulus viel Mut. Eine solche Reaktion war ihm wichtiger als das konkrete Anliegen, das ihn zu seinem Brief veranlasst hatte (V. 12). Der positive Bericht von Titus über seinen Besuch verdoppelte die Freude von Paulus und seinen Mitarbeitern (V. 13). Die Korinther hatten ihn herzlich und begeistert empfangen. Titus fühlte sich erfrischt von dem, was die Korinther für ihn getan hatten. So sollte es sein, wenn Christen zusammenkommen und sich der Gemeinschaft erfreuen. Die guten Dinge, die Paulus Titus vor seinem Besuch über die Korinther berichtet hatte, hatten sich als richtig herausgestellt. Titus war beeindruckt von ihrem prompten Gehorsam und ihrer aufmerksamen und einfühlsamen Gastfreundschaft (V. 15). Paulus war sehr stolz auf sie (V. 16).

Eine wertvolle Lektion

Paulus praktiziert einen wesentlichen Bestandteil einer guten Beziehung. Zeigt den Menschen Liebe, indem ihr immer das Beste in ihnen seht, auch wenn das Gegenteil der Fall sein mag. Dann sind wir in der Lage, gegebenenfalls bestimmte Dinge richtig zu stellen. Schwierigkeiten können viel leichter überwunden werden, wenn wir sie nicht noch komplizierter machen.

Was Paulus geschrieben hatte, trug anscheinend dazu bei, Missverständnisse auszuräumen. Wir tun gut daran, uns zu fragen, ob wir die Luft reinigen und in einer Beziehung bestimmte Dinge klären müssen.

Vertiefen und anwenden:

1. Welches sind die häufigsten Gründe für Missverständnisse zwischen Menschen?
2. Warum ist es besser, sich bei Schwierigkeiten Auge in Auge auseinander zu setzen, als unsere Gefühle schriftlich in Worte zu fassen?
3. Es gibt eine *göttliche* Trauer über Sünde und eine *weltliche* Trauer. Wie können wir diese beiden unterscheiden?

Notizen:

13.
Gnade und Großzügigkeit

2. Korinther 8,1-15

Ziel

> Die enge Verbindung zwischen Gnade und Großzügigkeit aufzeigen und klarmachen, dass großzügiges Geben auf unserer Seite eine angemessene Reaktion auf Gottes Gnade ist.

Wir tun euch aber kund, liebe Brüder, die Gnade Gottes, die in den Gemeinden Mazedoniens gegeben ist. Denn ihre Freude war überschwänglich, als sie durch viel Bedrängnis bewährt wurden, und obwohl sie sehr arm sind, haben sie doch reichlich gegeben in aller Einfalt. Denn nach Kräften, das bezeuge ich, und sogar über ihre Kräfte haben sie willig gegeben und haben uns mit vielem Zureden gebeten, dass sie mithelfen dürften an der Wohltat und der Gemeinschaft des Dienstes für die Heiligen; und das nicht nur, wie wir hoffen, sondern sie gaben sich selbst, zuerst dem Herrn und danach uns, nach dem Willen Gottes. So haben wir Titus zugeredet, dass er, wie er zuvor angefangen hatte, nun auch diese Wohltat unter *euch vollends ausrichte. Wie ihr aber in allen Stücken reich seid, im Glauben und im Wort und in der Erkenntnis und in allem Eifer und in der Liebe, die wir in euch erweckt haben, so gebt auch reichlich bei dieser Wohltat. Nicht sage ich das als Befehl; sondern weil andere so eifrig sind, prüfe ich auch eure Liebe, ob sie rechter Art sei. Denn ihr kennt die Gnade unseres Herrn Jesus Christus: obwohl er reich ist, wurde er doch arm um euretwillen, damit ihr durch seine Armut reich würdet. Und darin sage ich meine Meinung; denn das ist euch nützlich, die ihr seit vorigem Jahr angefangen habt nicht allein mit dem Tun, sondern auch mit dem Wollen. Nun aber vollbringt auch das Tun, damit, wie ihr geneigt seid zu wollen, ihr auch geneigt seid zu vollbringen nach dem Maß dessen, was ihr habt. Denn wenn der gute Wille da ist, so ist er willkommen nach dem, was einer hat, nicht nach dem, was er nicht hat. Nicht dass die andern gute Tage haben sollen und ihr Not leidet, sondern dass es zu einem Ausgleich komme. Jetzt helfe euer Überfluss ihrem Mangel ab, damit danach auch ihr Überfluss eurem Mangel abhelfe und so ein Ausgleich geschehe, wie geschrieben steht (2.Mose 16,18): „Wer viel sammelte, hatte keinen Überfluss, und wer wenig sammelte, hatte keinen Mangel."*

8,1–15

Geben ist eine angemessene Reaktion auf Gottes Gnade. Der eine wahre Gott, der sich selbst in der Schöpfung, der Bibel und in seinem Sohn offenbart, ist der „gebende Gott" (Jak 1,5). Nirgendwo wird das deutlicher als in dem Geschenk seines Sohnes, der unser Erlöser wurde, das Sühneopfer für unsere Sünden (Joh 3,16; 1.Joh 4,10). Paulus spricht an dieser Stelle diese unaussprechliche Liebe an (V. 9) und später auch noch einmal (9,15). Sie ist die Grundlage all dessen, was er nun über das Geben und die Großzügigkeit im Geben schreibt.

Wenn wir die Gnade des Herrn Jesus in der Errettung annehmen, macht sich die Gnade in uns ans Werk und gestaltet uns um, damit wir unserem himmlischen Vater immer ähnlicher werden. Das bedeutet unweigerlich, dass wir ihm auch im großzügigen Geben ähnlicher werden. Großzügigkeit ist eine christliche Gnade. Das soll nicht heißen, dass Nichtchristen nicht auch großzügig sind. Viele beschämen uns durch ihre Selbstlosigkeit. Alle Christen zeichnen sich jedoch durch eine zunehmende Großzügigkeit aus, je mehr sie in der Gnade und Erkenntnis des Herrn Jesus Christus wachsen.

Wie wir bereits gesagt haben, die angemessene Reaktion auf Gnade ist Dankbarkeit, und wo Dankbarkeit ist, herrscht unweigerlich auch Freude – die Freude dankbarer Anerkennung. Die Freude, die Gott uns in seinem Sohn schenkt, ist eine „überschwängliche Freude" und führt zum „reichlichen Geben", wenn uns die Bedürfnisse anderer bewusst werden (V. 2). Da eine solche Freude nicht durch Armut behindert wird, so ist deren Großzügigkeit auch nicht begrenzt. Christliche Freude bewegt uns, so viel zu geben wie wir können, sogar über unser Vermögen hinaus (V. 3; vgl. Mk 12,41–44). Es sollte nicht nötig sein, durch andere abgefordert zu werden (V. 3).

Geben gehört wesentlich zum Dienst des Christen dazu. Durch unsere Gabe können wir Mitchristen, den „Heiligen", die in Not sind, helfen, seien sie nun vor Ort oder im Ausland (V. 4), sowie denen, deren Nöte vor uns gebracht werden (Gal 6,10). Es ist ein Privileg, zu geben, da wir durch unsere Gabe unsere Dankbarkeit Gott gegenüber zeigen, wenn wir mit ihnen teilen, was wir haben.

Im christlichen Geben liegt ein unerwartetes Element (V. 5). Während wir immer wieder neu Gottes Güte uns gegenüber in seinem Sohn erkennen, bringt unsere Freude neue Hingabe an den Herrn Jesus hervor. Wir geben uns zuerst ihm und dann anderen, entsprechend dem Willen Gottes. Mit der Bereitschaft, uns selbst zu geben, wächst auch der Wunsch, großzügig zu sein. Das Ausmaß unserer Hingabe an den Herrn Jesus Christus mag schwer einzuschätzen sein. Trotzdem geben unsere Kontoauszüge Bezeichnendes preis. Hingabe an den Herrn Jesus Christus führt uns über das hinaus, was man von uns erwarten würde (V. 5).

Das Beispiel der Gemeinden in Mazedonien

Die Gemeinden in Mazedonien hoben sich durch den Ausdruck ihrer Dankbarkeit Gott gegenüber von anderen ab. Ihre Bedrängnis war sehr groß (V. 2), aber sie konnten wie alle Christen feststellen, dass Gott uns in unserer Not Gnade schenkt. Wenn wir keine Versuchungen und Schwierigkeiten erleben würden, würden wir die Freude, die die Gnade und Hilfe Gottes bringt, vielleicht nie erleben. Die Freude der mazedonischen Christen erwies sich dann in einer großzügigen Gabe, als die Armut anderer ihnen zur Kenntnis gebracht wurde. Obwohl sie selbst bedürftig waren, empfanden sie es als Vorrecht, ihren Besitz mit Christen zu teilen, die noch weniger hatten als sie (V. 4). Sie beschränkten sich nicht darauf, Geld auf den Opferteller zu legen. Sie gaben sich selbst mit dem Opfer (V. 5)!

Die Verantwortung des Titus

Die Verantwortung des Titus war es, die Durchführung desselben Notopfers in Korinther auszurichten (V. 6). Offensichtlich hatte er seine Aufgabe schon früher in Angriff genommen. Jetzt wollte er sie zu Ende führen. Später im Kapitel kommt Paulus noch einmal auf diese Aufgabe des Titus zurück.

Die Herausforderung an die Korinther

Paulus unterbreitet den Korinthern die Herausforderung, die sich aus dem Beispiel der mazedonischen Christen für sie ergibt (V. 7.8). Vergleiche sind manchmal gefährlich, vor allem, wenn wir uns aus überheblichen Motiven unklugerweise mit anderen vergleichen. Wenn wir uns jedoch das gute Beispiel anderer zum Vorbild nehmen, dann kann das nützlich sein.

Bei der Prüfung von Glaube, Sprache, Wissen, Ernsthaftigkeit und Liebe der Korinther bekamen sie ausgezeichnete Noten. Die Realität dieser Gnaden oder Tugenden erforderte jedoch die Bestätigung durch praktische Großzügigkeit. Glaube ohne Werke ist tot. Der Glaube an den Herrn Jesus hat Großzügigkeit zur Folge. Es reicht nicht aus, nur über Großzügigkeit zu reden; den Worten müssen Taten folgen. Die Erkenntnis Gottes bewirkt, dass wir dem gebenden Gott ähnlicher werden. Aufrichtige Sorge um andere bedeutet, dass wir uns bemühen, die Bedürfnisse anderer zu erfüllen, so wie es die Liebe tut.

Paulus wollte den Korinthern nicht befehlen, zu geben. Doch wenn sie von dem Beispiel der Mazedonier hören würden, wollte er die Aufrichtigkeit ihres Bekenntnisses der Liebe zu dem Herrn Jesus und seinem Volk testen. Keiner von ihnen hätte die Richtigkeit der Gabe der Mazedonier angezweifelt, da sie durch die Gnade des Herrn Jesus veranlasst war (V. 9). Seine Gnade ist das höchste Beispiel, dem wir folgen sollen. Paulus erinnert sie: „Obwohl er reich ist, wurde er doch arm um euretwillen, damit ihr durch seine Armut reich würdet." Wenn die Liebe der Korinther aufrichtig war, würde das Beispiel der Mazedonier sie dazu bringen, dem Beispiel ihres Herrn zu folgen.

Der Rat des Paulus

Der Rat des Paulus an die Korinther war, sie sollten mit Begeisterung zu Ende bringen, was sie begonnen hatten (V. 10–15). Als Titus seine Arbeit unter ihnen begann, hatten sie Versprechungen gemacht oder Entschlüsse gefasst, zu geben. Nun war es an der Zeit, dass sie ihren Verpflichtungen nachkamen. Was wir uns vornehmen und zu geben versprechen, sollten wir auch einhalten.

Wenn die Zeit für die Erfüllung der Versprechen kommt, haben sich unsere Lebensumstände manchmal geändert, und wir können nicht so viel tun, wie wir eigentlich hofften. Zwar sollen wir aufrichtig traurig darüber sein, dass wir nicht das geben können, was wir vorgehabt oder versprochen haben, doch der Wunsch zu geben ist genauso wichtig wie das Geben selbst (V. 10). Unsere Bereitschaft ist Gott wichtig, und das macht unsere Gaben annehmbar für ihn, egal welche es sind (V. 12).

Hinter allem christlichen Geben steckt Gottes Absicht, dass ein gewisses Maß an Gleichheit unter Christen erreicht werden sollte (V. 13.14). Wenn wir geben, können durch unseren Überfluss die Bedürfnisse anderer gelindert werden. Obwohl wir jetzt vielleicht an sie abgeben, könnte auch der Augenblick kommen, wo sie an uns abgeben. Es kommt die Zeit des Gebens und die Zeit des Empfangens. Geistliche Prinzipien treten in Aktion, wenn wir geben. Paulus zitiert aus dem zweiten Buch Mose: „Wer viel sammelte, hatte keinen Überfluss, und wer wenig sammelte, hatte keinen Mangel" (V. 15; 2.Mose 16,18).

Vertiefen und anwenden:

1. Zeigen Sie anhand der Bibel und dann aus eigenen Erfahrungen, dass Gott der gebende Gott ist.
2. Welche Bedeutung liegt in der Tatsache, dass Gnade und Dankbarkeit im Neuen Testament mit demselben griechischen Wort ausgedrückt werden?
3. Wie kann unser Geben im Rahmen unseres christlichen Dienstes praktisch aussehen?
4. Fühlten Sie sich schon einmal gedrängt, mehr zu geben als das, was von Ihnen erwartet wurde? Was lernen Sie daraus in Bezug auf das Geben?
5. Inwiefern ist unser Herr um unsretwillen arm geworden?
6. Inwiefern hat die Armut unseres Herrn uns reich gemacht?
7. Was können wir aus dem Zitat des Paulus aus der Schrift in Vers 15 lernen?

Notizen:

14.
Gründe für den Besuch von Titus und seinen Gefährten

2. Korinther 8,16-9,5

Ziel

> Die Bedeutung des sorgfältigen Umgangs mit dem Geld erkennen, damit unser Handeln über alle Kritik erhaben ist und Gott Ehre macht.

Gott aber sei Dank, der dem Titus solchen Eifer für euch ins Herz gegeben hat. Denn er ließ sich gerne zureden; ja, weil er so sehr eifrig war, ist er von selber zu euch gereist. Wir haben aber den Bruder mit ihm gesandt, dessen Lob wegen seines Dienstes am Evangelium durch alle Gemeinden geht. Nicht allein aber das, sondern er ist auch von den Gemeinden dazu eingesetzt, uns zu begleiten, wenn wir diese Gabe überbringen dem Herrn zur Ehre und zum Erweis unsres guten Willens. So verhüten wir, dass uns jemand übel nachredet wegen dieser reichen Gabe, die durch uns überbracht wird. Denn wir sehen darauf, dass es redlich zugehe nicht allein vor dem Herrn, sondern auch vor den Menschen. Auch haben wir mit ihnen unsern Bruder gesandt, dessen Eifer *wir oft in vielen Stücken erprobt haben, nun aber ist er noch viel eifriger aus großem Vertrauen zu euch. Es sei nun Titus, der mein Gefährte und mein Mitarbeiter unter euch ist, oder es seien unsere Brüder, die Abgesandte der Gemeinden sind und eine Ehre Christi: erbringt den Beweis eurer Liebe und zeigt, dass wir euch zu Recht vor ihnen gerühmt haben öffentlich vor den Gemeinden.*

Von dem Dienst, der für die Heiligen geschieht, brauche ich euch nicht zu schreiben. Denn ich weiß von eurem guten Willen, den ich an euch rühme, bei denen aus Mazedonien, wenn ich sage: Achaja ist schon voriges Jahr bereit gewesen! Und euer Beispiel hat die meisten angespornt. Ich habe aber die Brüder gesandt, damit nicht unser Rühmen über euch zunichte werde in diesem Stück, und damit ihr vorbereitet seid, wie ich von euch gesagt habe, dass nicht, wenn die aus Mazedonien mit mir kommen und euch nicht vorbereitet finden, wir, um nicht zu sagen: ihr, zuschanden werden mit dieser unsrer Zuversicht. So habe ich es nun für nötig angesehen, die Brüder zu ermahnen, dass sie voranzögen zu euch, um die von euch angekündigte Segensgabe vorher fertig zu machen, sodass sie bereitliegt als eine Gabe des Segens und nicht des Geizes.

8,16–9,5

Paulus hat Titus bereits in Vers 6 als die Person genannt, die den Auftrag hatte, die Korinther zu einer Gabe „für die Armen unter den Heiligen in Jerusalem" zu veranlassen (Röm 15,26). Titus war ein Grieche (Gal 2,3), und der „rechte" Sohn des Paulus im Glauben (Tit 1,4) insofern, als er durch Paulus zum Glauben gekommen ist. Er war von beispielhaftem Charakter. Er diente nicht zum persönlichen Vorteil, und nie hat er versucht, andere Menschen auszubeuten (2.Kor 12,18). Er war zu einem der regulären Gefährten von Paulus geworden, ein „Gefährte und Mitarbeiter" (V. 23). Paulus bringt jetzt seinen Dank Gott gegenüber für Titus zum Ausdruck, vor allem dafür, dass Titus die Sorge des Paulus um die Korinther teilt (V. 16). Als er gebeten wurde, sie zu besuchen, hatte Titus nicht nur einfach zugestimmt, sondern begeistert reagiert. Er hätte das sowieso tun wollen, ob er nun darum gebeten worden wäre oder nicht (V. 17).

Paulus bringt Titus in Verbindung mit einem nicht genannten Christen, der ihn begleiten würde (V. 18.19). Seine Anwesenheit unterstreicht die Bedeutung der Aufgabe, weil er eine Person war, „dessen Lob wegen seines Dienstes am Evangelium durch alle Gemeinden geht". Außerdem war er von den „Gemeinden dazu eingesetzt", Paulus und seine Gefährten zu begleiten, wenn sie ihrer Verantwortung gerecht würden und die Gabe zu denen brächten, die sie bekommen sollten. Das Wort „eingesetzt" deutet darauf hin, dass die Gemeinden ihre Wahl sehr ernst genommen hatten, vielleicht hatten die Gemeinden sogar über die Wahl abgestimmt.

Es wäre interessant, die Identität dieses „Bruders" zu erfahren, und wir fragen uns vielleicht, warum Paulus seinen Namen nicht erwähnt. Es zeigt uns jedoch, dass viele ungenannte Christen hervorragende Arbeit für das Reich Gottes leisten. Obwohl uns ihre Identität unbekannt ist, Gott kennt sie. Es ist viel besser, von ihm gekannt zu sein als von unseren Mitmenschen.

Der Zweck des Notopfers

Das Wort „Opfer" ist dem Wort „Gabe" (V. 19) vorzuziehen. Hinter dem Wort, das hier mit „Gabe" übersetzt wird, steckt das Wort „Gnade". Es erinnert uns daran, dass unser Geben an Gott eine Reaktion auf und Beweis für seine Gnade ist. Ein Opfer muss jedoch eingesammelt und verwaltet werden! Dies war die Aufgabe von Paulus, Titus und anderen.

Es war die Absicht, dass diese Gabe ein geistliches Opfer sein sollte (vgl. Hebr 13,16). Aufrichtiges Geben an Gott ist ein „Opfer" (V. 19). Es wird nicht gegeben als Reaktion auf ein Gebot, sondern als Ausdruck der dankbaren Liebe zum Herrn. Zwar ist es dazu gedacht, die Bedürfnisse anderer zu erfüllen, doch unsere Augen sind in erster Linie auf das Opfer des Herrn Jesus und auf das Beispiel seines großzügigen Selbstopfers gerichtet (V. 9).

Der Zweck der Gabe war, den Herrn zu ehren (V. 19). Diese Gabe zeigte in mehrfacher Hinsicht ihren Respekt vor ihm. Der Umfang des

Opfers würde die Dankbarkeit gezeigt haben, die sie wegen der Gnade des Herrn Jesus empfanden. Ihre Spontaneität hätte die Freude kundgetan, die sie gefunden hatten, weil sie Gott durch seinen Sohn kennen gelernt hatten. Die Größe ihres Opfers hätte den Ungläubigen die Opferliebe Gottes gezeigt, dessen Beispiel sie nachahmten.

Der Zweck der Gabe war es, christlichen Eifer zu zeigen, bedürftigen Brüdern und Schwestern zu helfen (V. 19). Spürbare Äußerungen der Liebe bedeuten viel, wenn wir schwierige Zeiten durchmachen. Die Christen in Jerusalem wurden nicht nur durch die Gaben, die sie bekamen, ermutigt, sondern durch die Liebe und Fürsorge, die sie ausdrückten.

Sorgfalt beim Umgang mit Geld

Paulus empfand es als schwere Verantwortung, die Gaben des Volkes Gottes zu verwalten. Die Freizügigkeit ihres Gebens erhöhte nur sein Verantwortungsbewusstsein (V. 20). Die Menschen gehen unterschiedlich mit Geld um, ob nun mit ihrem eigenen oder dem von anderen. Einige leihen sich nie etwas von anderen, und manche verleihen nie etwas, sondern geben lieber. Einige sind sehr sorglos und führen nicht Buch, während andere alles genau aufschreiben, ob es sich nun um kleine oder große Summen handelt. Die Unterschiede in der Veranlagung und Angewohnheit der Menschen macht es umso notwendiger, das uns anvertraute Geld gewissenhaft und sorgfältig zu verwalten.

Der gewissenhafte Umgang mit Geld in der Gemeinde ist sehr wichtig. Wenn Gaben zur Ehre Gottes gegeben werden, darf es nicht die kleinste Unrichtigkeit geben. Drei Prinzipien in diesem Abschnitt leiten uns. Erstens, wir sollen jeglicher Kritik vorbeugen, wie wir das Geld, das die Gemeinde Gottes gibt, verwalten (V. 10). Es sollte keinen Anlass geben, dass man Fehler in unserer Buchführung findet. Zweitens, wir sollten genau das tun, was richtig ist, nicht nur in Gottes Augen, sondern auch in den Augen unserer Mitmenschen (V. 21). Drittens, es ist besser, die Verantwortung für die Finanzen wird geteilt und nicht nur einer Person überlassen (V. 18–22).

Ehre, wem Ehre gebührt

Paulus erwähnt einen anderen ungenannten „Bruder", der Titus und den anderen schon erwähnten anonymen Christen begleiten soll (V. 22). Auch er war für seinen geistlichen Eifer bekannt. Was die Korinther anging, war er eine ideale Wahl, weil er „großes Vertrauen" zu ihnen hatte. Alle drei waren nicht nur „Abgesandte der Gemeinden", sondern auch „eine Ehre Christi" (V. 23). Kein höheres Lob hätte ausgesprochen werden können. Ihr Leben sprach von ihrem Herrn und machte „der Lehre Gottes, unseres Heilands, Ehre […] in allen Stücken" (Tit 2,10).

Solche Vertreter der Gemeinden hatten es verdient, von allen Korinthern geehrt zu werden, während sie ihrer Aufgabe nachgingen. Gottes Kinder in Korinth konnten ihre Liebe durch großzügige Gastfreundschaft und praktische Hilfe zeigen und ihnen bei der Erledigung ihrer Aufgabe helfen. Sie konnten sie ehren durch Hilfsbereitschaft und christusähnliches Verhalten, das den Stolz des Apostels und seiner Gefährten auf sie rechtfertigte (V. 24). Sie konnten sie ehren, indem sie sie so gut behandelten, dass sie nur Gutes über die Korinther zu berichten hätten – in allen Gemeinden, wo immer sie hinkamen.

Der Grund für den Besuch der Gemeindevertreter

Es war die Aufgabe von Titus und seinen beiden Gefährten, die Bereitschaft der Korinther zu garantieren, ihre versprochene Gabe auszuführen (V. 4). Paulus hatte keinen Zweifel an ihrem Eifer, zu helfen, und hatte vor den Mazedoniern damit geprahlt (V. 2). Er hatte sogar die Begeisterung der Korinther dazu benutzt, sie zum Handeln zu bewegen (V. 2)! Jedoch war er nicht so sicher in Bezug auf ihre Bereitschaft, ihr Versprechen auch zu halten. Wenn er kam, könnten sich durchaus Mazedonier in seiner Begleitung befinden, und er wollte nicht, dass entweder er oder die Korinther beschämt würden durch ihre mangelnde oder nur widerwillige Bereitschaft, zu geben, weil sie nicht damit gerechnet hatten, dass diese Gabe schon so bald erforderlich sein würde (V. 5).

Paulus wiederholt fünf Wahrheiten in Bezug auf das Geben. Erstens, es ist „Dienst für die Heiligen" (V. 1). Zweitens, das Beispiel anderer kann uns anregen, großzügiger zu geben (V. 2). Drittens, unser Opfer erfordert eine sorgfältige Verwaltung durch andere, um sicherzustellen, dass es sein Ziel erreicht (V. 3-5). Viertens, wir sollten gut überlegen, wie viel wir Gott, oder anderen, versprechen (V. 5). Fünftens, unsere Gabe soll eifrig, begeistert und fröhlich gegeben werden, und nicht widerwillig und murrend (V. 2.5).

Vertiefen und anwenden:

1. Die Gemeinden haben die beiden Mitarbeiter des Titus als ihre Repräsentanten erwählt (8,18.19.23). Was sagt das über das gemeinschaftliche Leben der frühen Gemeinden und über ihre Beziehung aus?
2. Auf welche Eigenschaften sollten wir bei der Auswahl der Menschen achten, die die Finanzen der örtlichen Gemeinde verwalten?
3. Welchen Platz nimmt das Vorbild im Leben eines Christen ein? Fallen Ihnen Bereiche ein, wo Sie das Vorbild eines anderen Christen oder einer Gruppe von Christen zum Handeln bewegt hat?

Notizen:

15.
Prinzipien und Segen des Gebens

2. Korinther 9,6-15

Ziel

> Entdecken, dass Gott einen fröhlichen Geber lieb hat.

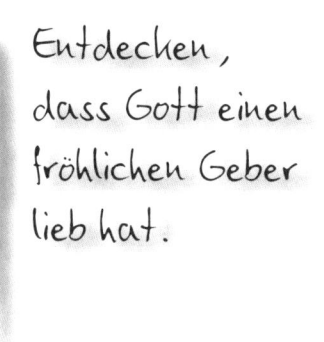

Ich meine aber dies: Wer da kärglich sät, der wird auch kärglich ernten; und wer da sät im Segen, der wird auch ernten im Segen. Ein jeder, wie er's sich im Herzen vorgenommen hat, nicht mit Unwillen oder aus Zwang; denn einen fröhlichen Geber hat Gott lieb. Gott aber kann machen, dass alle Gnade unter euch reichlich sei, damit ihr in allen Dingen allezeit volle Genüge habt und noch reich seid zu jedem guten Werk; wie geschrieben steht (Ps 112,9): „Er hat ausgestreut und den Armen gegeben; seine Gerechtigkeit bleibt in Ewigkeit." Der aber Samen gibt dem Sämann und Brot zur Speise, der wird auch euch Samen geben und ihn mehren und wachsen lassen die Früchte eurer Gerechtigkeit. So werdet ihr reich sein in allen Dingen zu geben in aller Einfalt, die durch uns wirkt Danksagung an Gott. Denn der Dienst dieser Sammlung hilft nicht allein dem Mangel

der Heiligen ab, sondern wirkt auch überschwänglich darin, dass viele Gott danken. Denn für diesen treuen Dienst preisen sie Gott über eurem Gehorsam im Bekenntnis zum Evangelium Christi und über der Einfalt eurer Gemeinschaft mit ihnen und allen. Und in ihrem Gebet für euch sehnen sie sich nach euch wegen der überschwänglichen Gnade Gottes bei euch. Gott aber sei Dank für seine unaussprechliche Gabe.

9,6–15

Unterweisungen über das Geben sind überall in der Bibel zu finden, sowohl im Alten als auch im Neuen Testament. Dieser Teil des zweiten Briefes des Paulus an die Korinther ist besonders klar in der Festlegung der Prinzipien, von denen christliches Geben bestimmt sein sollte.

Geben ist säen

In Vers 6 zitiert Paulus ein Sprichwort, das den Christen des ersten Jahrhunderts sehr geläufig war: „Wer da kärglich sät, der wird auch kärglich ernten; und wer da sät im Segen, der wird auch ernten im Segen." Diesen Weisheitsspruch sollte man sich merken. Großzügiges Geben trägt seine Belohnung in sich. Der Vers gleicht dem aus Sprüche 11,24.25: „Einer teilt reichlich aus und hat immer mehr; ein anderer kargt, wo er nicht soll, und wird doch ärmer. Wer da reichlich gibt, wird gelabt, und wer reichlich tränkt, der wird auch getränkt werden." In Sprüche 22,9 wird von der großen Belohnung des Segens Gottes gesprochen: „Wer ein gütiges Auge hat, wird gesegnet; denn er gibt von seinem Brot den Armen." Unser Herr Jesus hat gesagt: „Gebt, so wird euch gegeben. Ein volles, gedrücktes, gerütteltes und überfließendes Maß wird man in euren Schoß geben; denn eben mit dem Maß, mit dem ihr messt, wird man euch wieder messen" (Lk 6,38). Die Illustration der Ernte, die Paulus verwendet, ist auffallend. Kärgliches Säen bringt eine kärgliche Ernte. Geben ist eine so vernünftige Übung wie das Säen des Bauern für die Ernte.

Geben ist persönlich

An keiner Stelle deutet Paulus an, dass Reichtum Sünde sei. Materieller Besitz bringt allerdings die Verantwortung mit sich, ihn sinnvoll zu nutzen. Doch wie wir unsere Gaben verteilen, ist eine private und persönliche Angelegenheit (V. 7). Wir müssen ernsthaft darüber nachdenken und unsere eigene Entscheidung treffen. Uns bleibt es überlassen, den Zweck auszusuchen, für den wir geben wollen, und die Personen, die davon profitieren sollen. Es ist vorgekommen, dass bestimmte christliche Gruppen von oben herab festlegen wollten, welchen Anteil ein Christ von seinem Einkommen abzugeben hat. Die zugrunde liegende Motivation war nicht immer die beste, und eine solche Verordnung ist nicht gerechtfertigt.

Unsere individuellen Lebensumstände variieren, einschließlich der Ansprüche, die unsere Familien und andere rechtmäßig an unsere persönlichen Einkünfte stellen. Wenn wir Gott um Weisheit bitten, unser Geld und unsere Ressourcen richtig zu gebrauchen, werden wir bald in richtiger Weise davon überzeugt werden, wie wir unserer Verantwortung gerecht werden können. Ich bin für mein eigenes Einkommen verantwortlich. Ich bin nicht verantwortlich für das Verwalteramt anderer Leute.

Fröhlich geben!

Zu welchen Entscheidungen wir in Bezug auf unsere Gabe auch immer gelangen, wir sollten fröhlich geben. Wenn sie ungern geben oder gezwungenermaßen, werden sie nicht fröhlich getroffen. „Einen fröhlichen Geber hat Gott lieb" (V. 7). Der Herr Jesus hat gesagt, dass die „zwei Scherflein" der Witwe einen größeren Wert hätten als die Gaben der reichen Leute, obwohl das, was sie gegeben hatten, die Gabe der Witwe im materiellen Wert weit überstiegen (Lk 21,1–4). Wenn wir eine Familie mit kleinen Kindern besuchen, dann freuen wir uns jedes Mal, wenn ein Kind uns spontan eine Süßigkeit anbietet, auch wenn wir sie nicht mögen. Wir haben kein Vergnügen daran, wenn Eltern ihr Kind beschwatzen oder es ihm befehlen. Unser himmlischer Vater freut sich nicht nur an dem, *was* wir geben, sondern viel mehr daran, *wie* wir geben.

Geben – von Gott belohnt

Paulus kehrt zurück zu dem Bild des Säens und Erntens. Er zitiert Psalm 112,9, wo das Glück des Einzelnen beschrieben wird, der Gott fürchtet und großzügig gibt (V. 9). Großzügiges Geben und praktische Gerechtigkeit sind unlösbar miteinander verbunden: „Er hat ausgestreut und den Armen gegeben, seine Gerechtigkeit bleibt in Ewigkeit."

Zwei Gedanken in Bezug auf die Ernte finden hier ihren Ausdruck. Erstens, Gott sucht nach einer Ernte der Gerechtigkeit wegen seines eigenen guten Werkes in uns. Zu den Früchten des Geistes in uns gehört Großzügigkeit. Wesentlich für die Ernte der Gerechtigkeit in unserem Leben ist die Freude am Geben (V. 10). Zweitens, unsere fröhliche Gabe wird von Gott durch seine überschwängliche Gnade belohnt. Wir stellen dann fest, dass wir alles haben, was wir brauchen, um jedes gute Werk zu tun (V. 8).

Eine der erstaunlichen Wahrheiten über das Geben – manchmal ist sie zu intim und persönlich, um mit anderen darüber zu sprechen – ist, dass wir niemals großzügig geben, ohne nicht wieder neu zu entdecken, dass Gott für unsere persönlichen Bedürfnisse sorgt. Großzügiges Geben mag gewagt erscheinen, wenn wir nicht viel besitzen, aber nicht, wenn wir Gottes Fähigkeit erkennen (V. 8). Unser himmlischer Vater sorgt für uns (Jes 55,10), der sehr wohl die Bedürfnisse seiner Kindern decken kann!

Geben befähigt, mehr zu geben

Diese profunde Wahrheit haben wir bereits mehr als nur angedeutet. Wenn wir geben, versorgt uns Gott in seiner Gnade häufig mit neuen Ressourcen und vervielfältigt sie, um die Ernte unserer Gerechtigkeit zu mehren (V. 10). Eine Absicht hinter Gottes großzügiger Versorgung ist, dass wir großzügig an andere weitergeben können (V. 8). Gott lässt niemals zu, dass wir in seiner Schuld stehen. Wenn wir großzügig sind, macht er uns in jeder Hinsicht reicher. Er macht uns reich, um es uns zu ermöglichen, immer großzügig zu sein (V. 11)!

Dieses Prinzip darf nicht missverstanden oder falsch angewandt werden. Dies sollte nicht unsere Motivation sein, für Gott und sein

Werk zu geben. Es darf keine „Geld-einwerfen-Segen-ernten-Mentalität" bei unserem Geben geben. Nicht immer macht Gott uns in finanzieller Hinsicht reicher, da finanzieller Segen nicht immer der wichtigste ist. Trotzdem werden alle, die großzügig und fröhlich geben, etwas von dem „Wunder" und der „Überraschung" der Fürsorge Gottes erleben.

Unsere Gabe dient den Bedürfnissen des Volkes Gottes

Gott braucht unser Geld nicht. Alle Schätze des Himmels und der Erde gehören ihm! Er hat jedoch beschlossen, dass durch die großzügigen Gaben seiner Gemeinde die Bedürfnisse aller seiner Kinder erfüllt werden sollen (V. 12). In Kapitel 8 sagt Paulus, der erste Zweck unserer Gabe an Gott solle der „Dienst für die Heiligen" sein (V. 4).

Gott sorgt für die materiellen und finanziellen Bedürfnisse aller seiner Kinder. Er schenkt uns Arbeit und Gesundheit, damit wir unseren Lebensunterhalt verdienen können. Aber andere sind auf Grund von Arbeitslosigkeit oder Krankheit nicht in der Lage zu arbeiten, vielleicht aber auch, weil sie ihre ganze Zeit für den Dienst des Evangeliums einsetzen. Dann legt es Gott auf die Herzen derer, die mehr Geld haben, für die Bedürfnisse derer zu sorgen, die nicht so viel haben. Von Zeit zu Zeit fallen uns Namen, Gesichter und Situationen von Menschen ein, und nicht selten wird uns dabei klar, dass sie unserer Ermutigung und finanziellen Unterstützung bedürfen. Wir sollten diese Gedanken nicht beiseite schieben, sondern vielmehr darüber nachdenken und zu handeln beschließen.

Geben führt zu Dank an Gott

Unser Hauptziel ist es, Gott zu verherrlichen. Diese Zusammenfassung im *Kleinen Westminster Katechismus* über den Zweck unseres Lebens drückt die Lehre der ganzen Bibel aus. Diejenigen, die von dem rechtzeitigen und großzügigen Geben der Kinder Gottes profitieren, werden Gott gewiss die Ehre geben. Er ist es, der die Gabe eingab und den Geber befähigt, zu geben. Er hat den Gebern klargemacht, dass großzügiges Geben Teil des Gehorsams ihres „Bekenntnisses zum Evangelium Christi" (V. 13) ist.

Als Pastor habe ich häufig das Vorrecht gehabt, anonyme Gaben von Christen den beabsichtigten Empfängern zu überbringen. Mir ist klar geworden, dass es nicht immer leicht ist, von der Großzügigkeit anderer zu leben. Wenn wir jedoch Gottes Hand darin erkennen, müssen wir unweigerlich seine unfehlbare Liebe und Güte anerkennen. Die Freude, Dankbarkeit und Danksagung Gott gegenüber, die daraus entstehen, sind zweifellos ein geistliches Opfer für ihn. Dass die Gaben anonym gewesen sind, hat die Danksagung umso mehr auf ihn gerichtet.

Hier ist ein wundervolles Motiv für das Geben: Menschen danken Gott überschwänglich (V. 12). Sie loben ihn nicht nur wegen der Gabe, sondern auch dafür, dass andere bereit sind zu teilen, eine wesentliche Voraussetzung für das Wohlergehen des Leibes Christi (V. 13).

Das richtige Schlusswort

Früh in seiner Abhandlung über das christliche Geben hat Paulus auf die Gnade des Herrn Jesus hingewiesen, der arm wurde, damit wir reich werden (2.Kor 8,9). Bedeutsamerweise beendet er das Kapitel mit den Worten: „Gott aber sei Dank für seine unaussprechliche Gabe!" (V. 15).

Bei unseren Gaben sollten unsere Augen einzig und allein auf unseren Heiland und Gottes unbeschreibliche Güte gerichtet sein, dass er seinen Sohn für uns gegeben hat. Das Geben der Christen, richtig verstanden, ist unsere Reaktion auf dieses Geschenk. Wenn unsere Augen auf unseren Heiland gerichtet sind, ist das Geben nie ein Problem!

Vertiefen und anwenden:

1. Im Neuen Testament werden wir immer wieder durch Aufrufe wie in 9,6 angespornt. Fallen Ihnen ähnliche Appelle ein? Wenn nicht, lesen Sie 2. Mose 20,8; Psalm 77,11;105,5; Prediger 12,1; Lukas 17,32; Johannes 15,20; Epheser 2,11.12; 2. Timotheus 2,8; Hebräer 13,3.7 und vor allem 1. Korinther 11,24.25.

2. „Einen fröhlichen Geber hat Gott lieb" (V. 7). Was sagt dieser Vers über Gott aus? Was bedeutet dies in der Verwirklichung und in unserer Erfahrung der Wiedergeburt?

3. Paulus schreibt in Vers 11, dass Gott uns „reich macht in allen Dingen". Auf welche andere Weise, abgesehen von dem finanziellen Bereich, kann Gott uns reich machen?

4. Auf wen im Volk Gottes sollte unser Geben besonders gerichtet sein (V. 12)?

Notizen:

16.
Paulus verteidigt seinen Dienst

2. Korinther 10,1-18

Ziel

> Erkennen, wie wir auf Kritik und falsche Anschuldigungen reagieren sollen, ohne dabei in die Falle zu tappen, andere zu verurteilen.

Ich selbst aber, Paulus, ermahne euch bei der Sanftmut und Güte Christi, der ich in eurer Gegenwart unterwürfig sein soll, aber mutig, wenn ich fern von euch bin. Ich bitte aber, dass ihr mich nicht zwingt, wenn ich bei euch bin, mutig zu sein und die Kühnheit zu gebrauchen, mit der ich gegen einige vorzugehen gedenke, die unsern Wandel für fleischlich halten. Denn obwohl wir im Fleisch leben, kämpfen wir doch nicht auf fleischliche Weise. Denn die Waffen unsres Kampfes sind nicht fleischlich, sondern mächtig im Dienste Gottes, Festungen zu zerstören. Wir zerstören damit Gedanken und alles Hohe, das sich erhebt gegen die Erkenntnis Gottes, und nehmen gefangen alles Denken in den Gehorsam gegen Christus. So sind wir bereit, zu strafen allen Ungehorsam, sobald euer Gehorsam vollkommen geworden ist. Seht,

was vor Augen liegt! Verlässt sich jemand darauf, dass er
Christus angehört, der bedenke wiederum auch dies bei
sich, dass, wie er Christus angehört, so auch wir! Auch
wenn ich mich noch mehr der Vollmacht rühmen würde,
die uns der Herr gegeben hat, euch zu erbauen, und
nicht euch zu zerstören, so würde ich nicht zuschanden
werden. Das sage ich aber, damit es nicht scheint, als
hätte ich euch mit den Briefen schrecken wollen. Denn
seine Briefe, sagen sie, wiegen schwer und sind stark;
aber wenn er selbst anwesend ist, ist er schwach und
seine Rede kläglich. Wer so redet, der bedenke: wie
wir aus der Ferne in den Worten unsrer Briefe sind, so
werden wir, wenn wir anwesend sind, auch mit der Tat
sein. Denn wir wagen nicht, uns unter die zu rechnen
oder mit denen zu vergleichen, die sich selbst empfehlen;
aber weil sie sich selbst vergleichen, verstehen sie nichts.
Wir aber wollen nicht über alles Maß hinaus rühmen,
sondern nur nach dem Maß, das uns Gott zugemessen
hat, nämlich, dass wir auch bis zu euch gelangen sollten.
Denn es ist nicht so, dass wir uns zuviel anmaßen, als
wären wir nicht bis zu euch gelangt; denn wir sind ja
mit dem Evangelium Christi bis zu euch gekommen und
rühmen uns nicht über alles Maß hinaus mit dem, was
andere gearbeitet haben. Wir haben aber die Hoffnung,
dass wir, wenn euer Glaube in euch wächst, nach dem
Maß, das uns zugemessen ist, überschwänglich zu Ehren
kommen. Denn wir wollen das Evangelium auch denen
predigen, die jenseits von euch wohnen, und rühmen uns
nicht mit dem, was andere nach ihrem Maß vollbracht
haben. „Wer sich aber rühmt, der rühme sich des Herrn"
(Jer 9,22.23). Denn nicht der ist tüchtig, der sich selbst
empfiehlt, sondern der, den der Herr empfiehlt.

10,1–18

Im ganzen Brief spüren wir immer wieder die Sorge des Paulus, was
den Kritikgeist und die falschen Anschuldigungen angeht, die von

16. Paulus verteidigt seinen Dienst

einigen Korinthern gegen ihn erhoben worden waren. Die Übeltäter hatten sich vermutlich den religiösen Lehrern angeschlossen, die sich dem Einfluss des Apostels in der Gemeinde widersetzten.

Sicherlich war es nicht leicht für Paulus zu entscheiden, inwieweit er versuchen sollte, den Kritikern Rede und Antwort zu stehen. Es gibt eine Zeit des Schweigens (Pred 3,7; vgl. Mt 27,14). Dies gilt vor allem für Situationen, wenn uns klar wird, dass wir Gott mehr ehren, wenn wir nicht für uns eintreten, sondern ihm unsere Verteidigung überlassen (vgl. 1.Petr 2,23).

Zweifellos war der Grund, warum Paulus versuchte, auf einige der Behauptungen und Verleumdungen gegen seine Person einzugehen, seine von Gott gegebene Beziehung zu vielen der Korinther. Er war ihr geistlicher Vater (1.Kor 4,15). Wenn das Vertrauen der Menschen in seine Person untergraben wurde, dann war auch ihr Glaube an die Wahrheit Gottes, die er ihnen verkündigt hatte, in Gefahr (zum Beispiel 1.Kor 15,1-8). Der Feind der Seelen ist sehr geschickt. Das Wissen um das Dilemma des Paulus steigert unser Mitgefühl und Verständnis für das, was er schreibt.

Vorwürfe gegen Paulus

Wir können vier ungefällige Dinge identifizieren, durch die der Samen des Zweifels hinsichtlich der Person des Paulus in den Köpfen der Korinther eingepflanzt worden war. Vier Vorwürfe waren gegen ihn erhoben worden:

Der erste Vorwurf war, er hätte sich der Feigheit schuldig gemacht. Man beschuldigte ihn, er hätte sich in Gegenwart der Korinther „unterwürfig" verhalten, aber sei „mutig" gewesen, als er fern von ihnen war (V. 1). Man warf ihm vor, in ihrer Gegenwart bescheiden aufgetreten zu sein, aber prahlerisch, als er fort war.

Der zweite Vorwurf war, er sei weltlich, und es mangele ihm an geistlicher Haltung. Einige waren der Meinung, sein Verhalten sei von den Maßstäben der Welt bestimmt (V. 2). Das ist, als würde man ihn der Unaufrichtigkeit bezichtigen.

Der dritte Vorwurf war, Paulus und seine Gefährten seien unglaubwürdige Mitglieder der Gemeinde. Es scheint, man behauptete, dass sie nicht wirklich zu Christus gehören würden (V. 7). Zweifel an ihrer Wiedergeburt kamen auf. Wenn wir nicht mit der Haltung der Menschen zu einem bestimmten Thema übereinstimmen, kann es leicht passieren, dass wir denken oder andeuten, sie seien keine aufrichtigen Christen. Wenn unser Urteil falsch ist, wie sehr muss der Heilige Geist betrübt sein, der diesen Menschen doch auch genau dieselbe Wiedergeburt geschenkt hat wie uns.

Der vierte Vorwurf war, Paulus und seine Mitarbeiter seien zweitklassige Diener des Herrn Jesus. Sie wurden mit anderen verglichen und nach Bedeutung und Fähigkeit eingeordnet (V. 12). Etwas von dieser Haltung spüren wir auch in seinem ersten Brief (siehe 1.Kor 1,12). Wenn wir uns mit einzelnen Lehrern oder Führern verbunden fühlen anstatt mit dem Herrn Jesus, dann fangen wir schnell an, sie in einer Hitliste einzuordnen und einige höher zu bewerten als andere. Alle vier Andeutungen stammten aus derselben Quelle – von dem Bösen.

Paulus' Erwiderung auf die Vorwürfe

Paulus geht auf jeden Vorwurf und jede Andeutung ein. Er tut dies aus dem Grund, den wir bereits genannt haben. Seine Beziehung als geistlicher Vater zu vielen der Korinther bedeutete, dass eine Infragestellung seiner Stellung schließlich zu einer Infragestellung ihres Glaubens führen könnte. Wir werden uns nun die Vorwürfe einzeln ansehen und uns mit seinen Antworten beschäftigen.

Feigheit

Die Antwort auf diesen Vorwurf fällt nicht sehr detailliert aus. Zwar war es angebracht, dass Paulus auf die Anschuldigung einging, doch er appellierte nicht an die Korinther auf der Basis seiner ihm von Gott gegebenen Autorität als Apostel, sondern mit „der Sanftmut und Güte Christi" (V. 1). Er wollte sie anflehen, da er wusste, dass dies auch der Herr selbst tun würde – mit Sanftmut und Güte, zwei Früchten des Geistes im Leben eines jeden Christen (Gal 5,22.23).

Sanftmut ist ein wesentlicher Wesenszug eines Christen. In die Praxis umgesetzt, bedeutet Sanftmut, dass wir nicht so schnell Anstoß nehmen oder gekränkt sind. Eine kleine Ungerechtigkeit, ein unfreundliches Wort oder Verhalten wird uns nicht sofort aus der Fassung bringen und einen Aufstand machen lassen. Gleichzeitig werden wir unter allen Umständen vermeiden, andere durch unsere Gedankenlosigkeit und Gefühllosigkeit zu verärgern. Matthew Henry drückt dies in seinen Ausführungen über Matthäus 5,5 sehr gut aus:

> *Die Sanftmütigen sind die, die sich still Gott unterordnen, seinem Wort und seiner Rute, die seinen Anweisungen folgen und sich in seine Pläne fügen und allen Menschen gegenüber freundlich sind (Tit 3,2), die sich eine Provokation anhören können, ohne sich davon reizen lassen; entweder schweigen sie dazu, oder sie geben eine sanfte Antwort, und sie können ihr Missfallen zeigen, wo die richtige Gelegenheit dazu ist, ohne sich zu Anstößigkeiten hinreißen zu lassen; sie können besonnen bleiben, wo andere sich ereifern, und in ihrer Geduld bleiben sie im Besitz ihrer Seele, wenn sie kaum etwas anderes festhalten können. Die sind die Sanftmütigen, die sich nur selten und wenig provozieren, aber schnell und leicht besänftigen lassen und die lieber zwanzig Verletzungen vergeben, als sich für eine zu rächen, und die die Kontrolle über ihren eigenen Geist behalten.* [8]

Zur Sanftmut gehört Güte (V. 1). Als Jesaja den Messias ankündigte, sagte er von dem Knecht des Herrn: „Er wird nicht schreien noch rufen, und seine Stimme wird man nicht hören auf den Gassen. Das geknickte Rohr wird er nicht zerbrechen, und den glimmenden Docht wird er nicht auslöschen (Jes 42,2.3). Zwar hat unser Herr Jesus immer Wahrheit und Gerechtigkeit gesucht, doch er wurde niemals laut und aggressiv, hat niemals gedroht, nicht einmal, wenn falsche oder böswillige Anschuldigungen gegen ihn erhoben wurden. Sein Leben und Dienst auf der Erde waren von Sanftmut und Güte gekennzeichnet. Wenn wir in unserer Erkenntnis über ihn wachsen, werden auch uns diese Merkmale auszeichnen. Sie sind wesentlich für jede Anwendung seelsorgerischer Fürsorge.

---

[8] Matthew Henry, *Commentary on the Whole Bible*, Bd. 5, Mac Donald Publishing Company, Virginia, S. 50.

Paulus zeigt durch seine Wortwahl Sanftmut und Güte. Beachten Sie seinen Gebrauch des Wortes „bitte" (V. 2). Er bat die Korinther, alles zu tun, damit es nicht notwendig würde, ihnen ihren Irrtum beweisen zu müssen, wenn er dann doch wieder zu ihnen käme.

Die Anschuldigung von Vers 1 wird in einer anderen Form in Vers 10 wiederholt, und es macht Sinn, die beiden Verse einander gegenüberzustellen: „Denn seine Briefe, sagen sie, wiegen schwer und sind stark; aber wenn er selbst anwesend ist, ist er schwach und seine Rede kläglich."

Hier deuten die Kritiker des Paulus an, dass seine Briefe keinen Gehalt hätten, und dass er nie tun würde, was er sich vornähme. Dieser Vorwurf ähnelt der Anschuldigung, auf die in Kapitel 1 angespielt wird (V. 17). Es scheint vernünftig, anzunehmen, dass die Leute, die diese wenig hilfreichen und lieblosen Andeutungen gemacht haben, bei dem ersten Besuch des Paulus in Korinth, bei dem er die Gemeinde gründete, nicht anwesend waren. Er weist einfach darauf hin, dass ihre Kritiker, wenn er und seine Mitarbeiter tatsächlich nach Korinth kämen, bald erkennen würden, dass sie das, was sie in ihren Briefen sind, auch gegenwärtig bei ihnen sein werden.

Weltlich und ungeistlich

Die zweite Anschuldigung war die der Weltlichkeit und des Mangels an geistlicher Haltung. Diesen Vorwurf spricht Paulus direkt an: „Denn obwohl wir im Fleisch leben, kämpfen wir doch nicht auf fleischliche Weise" (V. 3). Paulus musste wie wir in der Welt leben. Dies ist wesentlich in Gottes gegenwärtiger Absicht für sein Volk, seine Gemeinde. Das Leben in der Welt bedeutete für Paulus und seine Mitarbeiter aber nicht, dass sie Krieg führten, wie die Welt es tut. Er stellt diesen Vorwurf sofort in den Zusammenhang des geistlichen Kampfes, in dem alle Christen stehen.

In Bezug auf den geistlichen Konflikt gibt es zwei Gefahren: Entweder seine Realität vollkommen zu verleugnen oder ins andere Extrem zu verfallen und sich zu sehr darauf zu konzentrieren. Satan freut sich, wenn wir auf die eine oder andere Art reagieren. In uns einen Mangel an Ausgewogenheit zu fördern, ist seine wichtigste und raffinierteste Versuchung.

16. Paulus verteidigt seinen Dienst

Paulus war klar, dass ein Unterschied bestand zwischen der Art, wie die Welt Krieg führt, und der Art, wie Christen im geistlichen Bereich Krieg führen. Die Welt führt Krieg mit menschlichen und materiellen Waffen. Sie bedient sich politischer Schachzüge und Ablenkungsmanöver. Paulus hatte sich gegen derartige Taktiken von Seiten der Christen bereits in Kapitel 4,2 ausgesprochen.

Als gläubige Christen sind unsere richtigen Waffen von Gott gegeben und geistlich anstatt menschlich und materiell. Paulus deutet dies in dem Abschnitt an, den wir gerade zitiert haben, denn es wird noch weiter ausgeführt und ein Gegensatz herausgestellt zwischen unserem Verhalten und dem der Welt. Er sagt: „Sondern wir meiden schändliche Heimlichkeit und gehen nicht mit List um, fälschen auch nicht Gottes Wort, sondern durch Offenbarung der Wahrheit empfehlen wir uns dem Gewissen aller Menschen vor Gott" (4,2). Diese Waffe der Wahrheit und andere geistliche Waffen werden in Epheser 6,10–18 näher beschrieben. Unsere Einheit mit dem Herrn Jesus, die sorgfältige Ausübung von Wahrheit und Gerechtigkeit, die freimütige Verkündigung des Evangeliums, die tägliche Erfahrung der Errettung, die aktive Anwendung der Bibel und das Gebet sind eine sehr schlagkräftige geistliche Ausrüstung. Sie „sind mächtig im Dienste Gottes, Festungen zu zerstören" (V. 4).

Die „Festungen" (V. 4), welche sichtbare oder raffinierte Gestalt sie auch annehmen, gehören Satan. Er hilft und hetzt Menschen mit Argumenten und Anmaßung auf, die der wahren Erkenntnis Gottes entgegenstehen. Er fördert irreführende Fantasien und überhebliche Argumente und zieht durch menschlichen Stolz Barrieren hoch. Vor allem drängt er Menschen, die Autorität unseres Herrn Jesus Christus zu leugnen. Wir dagegen wissen, dass unser Herr Jesus über alle Mächte herrscht und einzigartige Autorität besitzt (Kol 2,10). In seinem Namen und mit den uns von Gott gegebenen Waffen können wir die „Festungen" Satans zerstören (V. 4). Wir können sie umstoßen wie Kegel. Wir können Rebellen zu Gefangenen des Herrn Jesus machen – die glücklichen Gefangenen seiner Liebe und Gnade. Paulus selbst war ein herausragendes Beispiel eines Rebellen, der zu einem Jünger des Herrn Jesus wurde. Diejenigen, die die Autorität unseres Herrn Jesus leugnen, können zu Menschen umgestaltet werden, deren einziger Wunsch es ist, ihm zu gehorchen!

Unglaubwürdige Glieder am Leib Christi

Die dritte Anspielung der Kritiker des Paulus und seiner Mitarbeiter war, sie wären unglaubwürdige Glieder am sichtbaren Leib Christi. Grund für diesen Vorwurf scheint seine Überzeugung gewesen zu sein, als Apostel eine besondere Autorität den Korinthern gegenüber innezuhaben (V. 8).

Der Vorwurf, unglaubwürdige Glieder am Leib Christi zu sein, ist eine besonders traurige und schädliche Anspielung und besonders schwer zu ertragen. Diejenigen, die sich an solchen Flüsterkampagnen beteiligten, urteilten nach den falschen Kriterien (V. 7). Diejenigen, die sich ein solches Urteil anmaßten, zeigten ein gefährliches Selbstvertrauen in Bezug auf ihren Stellenwert und ihre Stellung.

Paulus hätte seine Gedanken zum Ausdruck bringen und vielleicht sogar die Beziehung seiner Kritiker zu Christus in Zweifel ziehen können. Doch stattdessen fordert er alle Beteiligten auf, sich die offensichtlichen Tatsachen anzusehen. Wenn Menschen eine andere und manchmal gegenteilige Meinung vertreten als wir, sollten wir nicht sofort ihre Beziehung zu dem Herrn Jesus in Frage stellen. Leider passiert das! Es passiert zum Beispiel, wenn Christen über Themen wie Erwählung, Taufe, Geistesgaben und Gemeindeleitung diskutieren.

Der wichtigste Beweis oder Beleg für eine Zugehörigkeit zum Herrn Jesus wird in 2. Timotheus 2,19 genannt: „Aber der feste Grund Gottes besteht und hat dieses Siegel: Der Herr kennt die Seinen; und: Es lasse ab von Ungerechtigkeit, wer den Namen des Herrn nennt."

Paulus bekam seine Autorität als Apostel vom Herrn Jesus selbst. Für ihn käme eine Nichtausübung seiner Berufung einer Verleugnung seines Herrn gleich. Trotzdem macht er sich die Mühe, das Wesen seiner Autorität zu erklären und zu betonen. Er sollte das Volk Gottes auferbauen und nicht zerstören (10,8). Dies erklärt teilweise, warum er die Korinther ermahnte und anflehte „bei der Sanftmut und Güte Christi" (V. 1).

Paulus schämte sich nicht seines Auftrags, das Volk Gottes zu erbauen (V. 8). Vielmehr rühmte er sich dessen in angemessener Weise. Aus diesem Grund wollte er die Korinther nicht erschrecken (V. 9). Seine Briefe waren jedoch in Ausübung seines apostolischen und pastoralen Auftrags notwendig.

Zweitklassige Diener Christi

Die vierte Unterstellung der Kritiker des Paulus und seiner Mitarbeiter war, zweitklassige Diener Christi zu sein. Es scheint, dass diese Kritiker nicht zögerten, den Korinthern zu erzählen, wie viel besser und überlegener sie selbst waren (V. 12). Es ist eine Sache, unseren Lebenslauf zu schreiben, aber eine ganz andere, uns selbst unsere Zeugnisse auszustellen! Die Kritiker des Paulus zögerten nicht, beides zu tun!

Letztendlich deuteten die Kritiker des Paulus an, es würde unter Christen eine gewisse Rangordnung geben. Wir sind vor solchen Versuchungen nicht gefeit. Durch die Art, wie wir reden oder handeln, zeigen wir vielleicht, dass bestimmte Gemeinden über anderen stehen. Vielleicht betrachten wir bestimmte Prediger als „erstklassig", und damit andere als „zweitklassig". Bevor wir uns versehen, spielen wir uns als Richter auf. Doch Gott allein ist in der Lage, sowohl Gemeinden als auch Einzelpersonen zu beurteilen und den wahren Wert ihrer Arbeit festzustellen. Wir sollten uns vor dieser Falle in Acht nehmen, denn sie bringt uns dazu zu denken, wie die Welt denkt. Es ist Anmaßung auf unserer Seite. Darum schreibt Paulus: „Denn wir wagen nicht [...]" (V. 12). Uns selbst mit anderen zu vergleichen oder zu messen, ist immer unklug.

Paulus spricht über die Grenzen des angemessenen Selbstlobs: „Auch wenn ich mich noch mehr der Vollmacht rühmen würde, die uns der Herr gegeben hat, euch zu erbauen und nicht euch zu zerstören, so würde ich nicht zuschanden werden" (V. 8). „Wir aber wollen uns nicht über alles Maß hinaus rühmen, sondern nur nach dem Maß, das uns Gott zugemessen hat, nämlich, dass wir auch bis zu euch gelangen sollten" (V. 13). Das einzige Urteil, das wir über unsere Arbeit oder unseren Dienst ablegen dürfen, sollte sich auf die Aufgaben beziehen, zu denen Gott uns ganz eindeutig berufen hat. Der Apostel wusste, dass es keine Unsicherheit in Bezug auf den Ruf Gottes an ihn gab, den Korinthern das Evangelium zu verkünden (10,13; Apg 18,9.10).

Paulus achtete sehr darauf, dass seine Verkündigung des Evangeliums und seine Missionsunternehmungen echte Pionierarbeiten waren (Röm 15,20). Er kam mit dem Ziel nach

Korinth, dort eine Gemeinde zu gründen. Der Herr Jesus war ihm in einer Vision erschienen und hatte ihn bestärkt, dass er sich am richtigen Platz befand. Jeder Stolz auf das, was der Herr in Korinth bewirkt hatte, war darum durchaus angemessen.

Indem sie sich ihrer besonderen Beziehung zu den Korinthern rühmten, nahmen Paulus und seine Mitarbeiter anderen nicht die Anerkennung weg (V. 15). Ihre Hoffnung war, dass Gottes Werk in und durch die Korinther weitergehen und sich so ihr Arbeitsgebiet erweitern würde, indem sie von Korinth aus in die umliegende Gegend hineinwirkten (V. 16). Paulus beeilt sich, auf die Gefahr menschlichen Rühmens hinzuweisen (V. 17). Dies ist ein alttestamentliches Prinzip (Jer 9,23.24), mit dem die Korinther bereits aus dem ersten Brief des Paulus vertraut waren (1.Kor 1,31). Stolz und Selbstlob werden in ihre Schranken verwiesen: „Denn nicht der ist tüchtig, der sich selbst empfiehlt, sondern der, den der Herr empfiehlt" (V. 18). Paulus verteidigte sich nur ungern gegen diese schädlichen Vorwürfe und Andeutungen. Wir haben jedoch Grund, dankbar zu sein, dass uns dadurch diese so wichtige Wahrheit vermittelt wird: „Wer sich aber rühmt, der rühme sich des Herrn."

Vertiefen und anwenden:

1. Wann ist es klug zu schweigen und wann klug zu reagieren, wenn wir Ziel falscher Anschuldigungen oder Andeutungen sind?
2. Wie würden Sie anhand des Evangeliums die Güte und Sanftmut unseres Herrn Jesus Christus aufzeigen?
3. Wie wichtig sind Sanftmut und Güte für gute Beziehungen innerhalb der Gemeinde?
4. Wir haben gesagt, dass Satan sich freut, wenn wir zu Extremen neigen. Fallen Ihnen Beispiele ein?
5. Was sind nach der Bibel die Beweise für die Wiedergeburt in unserem Leben, auf die wir sehen sollen?
6. Warum ist es töricht, sich selbst nach anderen zu bewerten oder mit ihnen zu vergleichen?
7. Wie real ist die Gefahr des Selbstlobs? Wie können wir davon geheilt werden?

Notizen:

17.
Ein ehrliches Wort über Gefahren

2. Korinther 11,1-15

Ziel

> Den geistlichen Kampf erkennen, in dem wir stehen, und die Bereiche des Lebens, in denen wir wachsam sein müssen.

Wollte Gott, ihr hieltet mir ein wenig Torheit zugute! Doch ihr haltet mir's wohl zugute. Denn ich eifere um euch mit göttlichem Eifer; denn ich habe euch verlobt mit einem einzigen Mann, damit ich Christus eine reine Jungfrau zuführte. Ich fürchte aber, dass, wie die Schlange Eva verführte mit ihrer List, so auch eure Gedanken abgewendet werden von der Einfalt und Lauterkeit gegenüber Christus. Denn wenn einer zu euch kommt und einen andern Jesus predigt, den wir nicht gepredigt haben, oder ihr einen andern Geist empfangt, den ihr nicht empfangen habt, oder ein anderes Evangelium, das ihr nicht angenommen habt, so ertragt ihr das recht gern! Ich meine doch, ich sei nicht weniger als die „Überapostel". Und wenn ich schon ungeschickt bin in der Rede, so bin ich's doch nicht in der Erkenntnis; sondern in jeder Weise und vor allem haben wir sie bei euch kundgetan. Oder habe ich gesündigt, als ich mich erniedrigt habe, damit ihr erhöht würdet? Denn ich habe euch das Evangelium Gottes ohne Entgelt verkündigt. Andere Gemeinden habe ich beraubt und Geld von ihnen genommen, um euch dienen zu können. Und als ich bei euch war und Mangel hatte, fiel ich niemandem zur Last. Denn meinem Mangel halfen die Brüder ab, die aus Mazedonien kamen. So bin ich euch in keiner Weise zur Last gefallen und will es auch weiterhin so halten. So gewiss die Wahrheit Christi in mir ist, so soll mir dieser Ruhm im Gebiet von Achaja nicht verwehrt werden. Warum das? Weil ich euch nicht liebhabe? Gott weiß es. Was ich aber tue, das will ich auch weiterhin tun und denen den Anlass nehmen, die einen Anlass suchen, sich zu rühmen, sie seien wie wir. Denn solche sind falsche Apostel, betrügerische Arbeiter und verstellen sich als Apostel Christi. Und das ist auch kein Wunder; denn er selbst, der Satan, verstellt sich als Engel des Lichts. Darum ist es nichts Großes, wenn sich auch seine Diener verstellen als Diener der Gerechtigkeit; deren Ende wird sein nach ihren Werken.

11,1–15

Die verschiedenen Schreiber der Bücher der Bibel haben sie nicht in Kapitel und Verse eingeteilt. Jedes Buch wurde nachträglich auf diese Weise unterteilt, um ein schnelleres Nachschlagen zu ermöglichen. Unvermeidbar war, dass manche Kapitelunterteilungen daher etwas willkürlich erscheinen. Das ist auch hier im zweiten Korintherbrief der Fall, wo die Ausführungen des Paulus zu bestimmten Themen mehrere Kapitel umfassen und er immer wieder auf dasselbe Thema zurückkommt.

Paulus fühlte sich gedrängt, ehrlich über jene zu schreiben, die sich ihm in Korinth widersetzten und die andere gegen ihn aufgehetzt hatten. Ihr Widerstand einem Apostel gegenüber war eine ernste Sache, denn schließlich hatte der Herr Jesus gesagt: „Wer euch aufnimmt, der nimmt mich auf; und wer mich aufnimmt, der nimmt den auf, der mich gesandt hat" (Mt 10,40). Nicht um seinetwillen spricht Paulus das empfindliche Thema seiner apostolischen Autorität an. Gerade noch hatte er geschrieben: „Denn nicht der ist tüchtig, der sich selbst empfiehlt, sondern der, den der Herr empfiehlt" (V. 18). Indem sie sich weigerten, Paulus zu empfangen, weigerten sich seine Gegner, den Einen zu empfangen, der ihn gesandt hatte.

Gefahren, die Paulus spürte

1. Täuschung

Paulus befürchtete, dass die Korinther in die Irre geführt wurden: „Ich fürchte aber, dass, wie die Schlange Eva verführte mit ihrer List, so auch eure Gedanken abgewendet werden von der Einfalt und Lauterkeit gegenüber Christus" (V. 3). Satan ist sehr geschickt im Täuschen. Bei Eva säte er Zweifel an dem, was Gott gesagt hatte, und er brachte sie dazu, Gottes Motive hinter dem Verbot, von dem Baum in der Mitte des Gartens zu essen, infrage zu stellen (1.Mose 2,1–7). Bewusst ermutigte er sie, Gottes Ernsthaftigkeit anzuzweifeln.

Wenn Satan Irrlehrer und andere Gegner der Diener Christi anstiftet, dann oft so, dass ihre Argumente einleuchtend und plausibel klingen.

2. Sich von Christus entfernen

Paulus spürte, dass die Korinther durch die Aktivität des Satans in der Gefahr standen, sich von Christus zu entfernen: „Ich fürchte aber, dass, wie die Schlange Eva verführte mit ihrer List, so auch eure Gedanken abgewendet werden von der Einfalt und Lauterkeit gegenüber Christus" (V. 3). Auffallend ist, dass Paulus befürchtete, dies könnte durch jemanden passieren, der zu ihnen kommt und einen anderen Jesus verkündigt als den Christus, den er und seine Mitarbeiter verkündigt hatten (V. 4).

Diese Gefahr ist immer da, oft schleichend. Wenn Menschen Ideen propagieren, für die sie religiöse oder christliche Unterstützung wollen, versuchen sie häufig zu behaupten, sie hätten ihre Ansichten von Jesus und seiner Lehre erhalten. Diese Tendenz zeigt sich in allen möglichen Betonungen, Gedanken und Vorstellungen. In den letzten

Jahrzehnten haben politische Gruppen unter deprivierten Menschen Jesus als den großen Befreier verkündet. Natürlich ist unser Erretter der Eine, der uns zur Freiheit führt. Ihn jedoch in erster Linie als einen politischen Retter zu verkündigen, ist eine Verzerrung der Wahrheit über ihn und führt dazu, dass am Ende ein anderer Jesus verkündigt wird. Durch solche Betonungen werden die Menschen von der wahren Erkenntnis Jesu und dem neuen Lebensstil weggeführt, der daraus entsteht.

3. Ein anderer Geist

Paulus spricht die Möglichkeit an, die Korinther könnten einen „andern Geist" empfangen als den, den sie empfangen haben (V. 4). Eine wunderbare Wohltat des gottgegebenen Glaubens an den Herrn Jesus ist die Gabe des Heiligen Geistes. Wir empfangen den Geist der Sohnschaft, und durch ihn rufen wir „Abba, Vater" – „Der Geist selbst gibt Zeugnis unserm Geist, dass wir Gottes Kinder sind" (Röm 8,16).

Der Heilige Geist richtet unsere Aufmerksamkeit immer auf unseren Herrn Jesus Christus und auf das, was er für uns getan hat. Seine Absicht ist es, dass wir dem Herrn Jesus Vorrang und Vorherrschaft in allem einräumen. Er möchte, dass wir den richtigen Blick und das richtige Verständnis für unseren Erlöser behalten.

Wenn unsere Aufmerksamkeit von dem Herrn Jesus weggelenkt wird oder wir anfangen, falsche Ideen in Bezug auf sein Werk und seine Lehre in uns zu pflegen, dann kommt diese Ablenkung von einem anderen Geist, einem Geist, der das Werk Satans tut.

4. Ein anderes Evangelium

Als Paulus nach Korinth kam und dort das Evangelium verkündigte, gab er als wichtigste Botschaft weiter, „dass Christus gestorben ist für unsre Sünden nach der Schrift; und dass er begraben worden ist; und dass er auferstanden ist am dritten Tage nach der Schrift; und dass er gesehen worden ist von Kephas, danach von den Zwölfen" (1.Kor 15,3-5). Er lehrte noch viel mehr als das, aber dies waren die entscheidenden Wahrheiten, welche die Korinther empfingen – und sich darauf gründeten – und durch die sie gerettet wurden (1.Kor 15,1.2).

Das Evangelium der Herrlichkeit und Gnade Gottes ist der Schatz der Gemeinde. Einige verachten das Evangelium auf Grund seiner Einfachheit. Anscheinend war das auch bei vielen Korinthern der Fall (1.Kor 1,18.23). Manche Gegner des Paulus kritisierten vermutlich die Einfachheit seines Ansatzes, während sie selbst das Evangelium viel komplizierter machten, möglicherweise um selbst gelehrt zu erscheinen. Das Evangelium ist kein Rat, sondern Macht. Wenn uns ein Rat erteilt wird, hängt der Wert, dem wir ihm einräumen, davon ab, für wie weise wir die Person halten, die diesen Rat erteilt hat. Paulus dagegen predigte das Evangelium als die Kraft Gottes (Röm 1,16). Er verkündigte es als das Wort Gottes (Kol 1,25). Vermutlich haben die Gegner des Paulus versucht, die letztgültige Autorität der Bibel, die er lehrte, zu untergraben.

Es ist erstaunlich, wie schnell wir die Priorität des Evangeliums und dessen Einfachheit aus dem Blick verlieren können. In der Gemeinde können wir uns in alle möglichen Programme und Aktivitäten stürzen, die letztendlich nur unseren Blick verschleiern für unsere eigentliche Aufgabe, dem letzten Auftrag unseres Retters nachzukommen. Bei unserer Präsentation des Evangeliums sind wir vielleicht nicht klar und einfach und vergessen, dass es die Kraft Gottes ist, zu retten alle, die daran glauben (Röm 1,16).

5. Mangel an Wachsamkeit

Paulus spürte, dass den Korinthern Vorsicht und Wachsamkeit fehlte. Sie ertrugen es „recht gern", wenn jemand kam, der einen anderen Jesus und ein anderes Evangelium in einem anderen Geist verkündigte (V. 4). Sie waren vielleicht stolz auf ihre Toleranz anderen Ansichten gegenüber. Vielleicht hatten sie sich von den „hohen Worten und der hohen Weisheit" der falschen Lehrer beeindrucken lassen, von Dingen, die Paulus sie auffordert zu meiden (1.Kor 2,1). Anstatt zu schauen, dass Jesu Christi als der Gekreuzigte verkündigt wird, wie sie gelehrt worden waren zu tun, hatten die Korinther eine Lehre akzeptiert, in der diese grundlegenden Dinge nicht im Mittelpunkt standen.

Die Gefahrenquellen

1. Satan

Wie wir bereits angedeutet haben, war und ist die Hauptquelle aller dieser Gefahren Satan. In Vers 3 wird folgende Anweisung gegeben: „Ich fürchte aber, dass, wie die Schlange Eva verführte mit ihrer List, so auch eure Gedanken abgewendet werden von der Einfalt und Lauterkeit gegenüber Christus." Für das Wort „Schlange" können wir „Satan" einsetzen. Leider ist es durchaus möglich, so zu leben, als wäre Satan ein Mythos und seine unaufhörliche Aktivität und erstaunliche Raffiniertheit nicht zu bemerken. Satan bemüht sich, Männer und Frauen von der Wahrheitsliebe fortzuziehen, sodass sie stattdessen den Irrtum umarmen. Er nimmt sie gefangen durch „Philosophie und leeren Trug". Er fördert Aufmerksamkeit und Loyalität menschlicher Tradition und den grundlegenden Prinzipien dieser Welt anstatt unserem Herrn Jesus Christus gegenüber (Kol 2,8).

2. „Überapostel"

Die zweite Gefahr ging von den so genannten „Überaposteln" aus, den Werkzeugen des Satans. Paulus erklärt: „Ich meine doch, ich sei nicht weniger als die ‚Überapostel' (11,5). In Vers 13 beschreibt Paulus sie in der griechischen Originalsprache als „Pseudoapostel". Diese Menschen erhoben vielleicht für sich den Anspruch, „Überapostel" zu sein, oder wurden von den Christen in Korinth als solche betrachtet. Wie es scheint, haben sie die Betonung auf ihre Redegewandtheit und Ausbildung gelegt, vielleicht waren es auch nicht sie selbst, sondern ihre Anhänger (V. 6). Vers 7 lässt darauf schließen, dass sie nicht zögerten, eine Bezahlung für ihre Dienste zu fordern. Paulus fragt: „Oder habe ich gesündigt, als ich mich erniedrigt habe, damit ihr erhöht würdet? Denn ich habe euch das Evangelium Gottes ohne Entgelt verkündigt."

Die „Überapostel" scheuten sich nicht, sich und ihre Dienste zu verkaufen, und damit kopierten sie die Grundsätze der Welt. Es ist durchaus nicht unüblich, dass eine Firma ganz bewusst mehr als alle ihre Konkurrenten berechnet, aus der Überzeugung heraus, häufig durch Marktanalysen bestätigt, dass Kunden dann glauben, diese

Firma sei die beste. Die „Konkurrenten" von Paulus vertraten eine ähnliche Philosophie. Wenn man den Menschen viel berechnet, sind viele leichtgläubig genug zu denken, man wäre der Beste. Dies ist jedoch nicht die Art, wie Christen, und vor allem christliche Lehrer und Prediger, sich verhalten sollten.

Die „Überapostel" fühlten sich dem Paulus und den anderen Aposteln überlegen. Diese Tatsache an sich hätte die Gläubigen in Korinth schon misstrauisch machen müssen. Das Neue Testament erlaubt uns nicht, die Einzigartigkeit der Apostel und ihre Lehre zu übersehen. Die Gemeinde ist „erbaut auf den Grund der Apostel und Propheten, da Jesus Christus der Eckstein ist" (Eph 2,20). Die Apostel gaben das Evangelium an die Menschen weiter, das sie selber zuerst von Gott erhalten hatten (1.Kor 15,1–4). Sie wurden von Gott beauftragt, sein Wort in seiner Fülle zu verkündigen, das Geheimnis, das über Jahrhunderte und Generationen hinweg verborgen geblieben war, doch nun dem Volk Gottes aufgeschlossen wurde (Kol 1,25.26). Sie hatten das Vorrecht, die herrlichen Reichtümer dieses Geheimnisses bekannt zu machen (Kol 1,27). Kein Christ, der ihnen im Laufe der Geschichte folgte, hat diese einzigartige Autorität geerbt. Ihre Befähigung war übernatürlicher Art. Nachdem sie ihre Aufgabe erfüllt und die Wahrheit des Evangeliums ausgerichtet hatten, wurde es auf vollkommene Weise niedergeschrieben und im unfehlbaren Bericht des Neuen Testaments bewahrt. Es existiert zum Wohle der Gemeinde in jeder Phase ihrer Geschichte.

Paulus musste sich gegen diese „Überapostel" wenden, nicht um seinetwillen, sondern um der Wahrheit willen: „So gewiss die Wahrheit Christi in mir ist, so soll mir dieser Ruhm im Gebiet von Achaja nicht verwehrt werden" (V. 10). Wichtiger als die Beredsamkeit und höhere Weisheit ist Erkenntnis: „Und wenn ich schon ungeschickt bin in der Rede, so bin ich's doch nicht in der Erkenntnis; sondern in jeder Weise und vor allen haben wir sie bei euch kundgetan" (V. 6).

Was die finanzielle Unterstützung betraf, so wusste Paulus, dass geben besser ist als nehmen. Er erklärte dies, als er sich von den Ältesten in Ephesus verabschiedete: „Ich habe euch in allem gezeigt, dass man so arbeiten und sich der Schwachen annehmen muss im Gedenken des Herrn Jesus, der selbst gesagt hat: Geben ist seliger als nehmen" (Apg 20,35). Paulus erklärt, warum er keine finanzielle

Unterstützung gefordert, sondern das Evangelium Christi „ohne Entgelt" verkündigt hatte (V. 7). Wieder einmal können wir von dem Beispiel des Paulus lernen, dass wir bei der Verwaltung der Finanzen einer Gemeinde niemals Grund zur Kritik geben sollten. Wir sollten sorgfältig darauf achten zu tun, was richtig ist, nicht nur in den Augen Gottes, sondern auch in den Augen anderer (2.Kor 8,20.21).

Paulus lenkt die Sprache auf das Thema Finanzen, indem er eine Frage stellt: „Oder habe ich gesündigt, als ich mich erniedrigt habe, damit ihr erhöht würdet? Denn ich habe euch das Evangelium Gottes ohne Entgelt verkündigt." In Korinth hatte Paulus einen Juden mit Namen Aquila kennen gelernt, „aus Pontus gebürtig; der war mit seiner Frau Priszilla kürzlich aus Italien gekommen, weil Kaiser Klaudius allen Juden geboten hatte, Rom zu verlassen. Zu denen ging Paulus. Und weil er das gleiche Handwerk hatte, blieb er bei ihnen und arbeitete mit ihnen; sie waren nämlich von Beruf Zeltmacher" (Apg 18,2.3). Paulus arbeitete in seinem Beruf als Zeltmacher, um seinen Lebensunterhalt zu verdienen.

Die „Überapostel" vertraten die Meinung, es sei erniedrigend, auf diese Weise zu arbeiten und keine Bezahlung für den Verkündigungsdienst zu erwarten. Paulus erklärt sogar, er habe andere Gemeinden „beraubt", indem er Geld von ihnen für die Unterstützung seiner Arbeit in Korinth genommen habe (V. 8). Auch wenn er sich während seines Aufenthalts in Korinth in finanziellen Nöten befunden hatte, hatte er niemals Geld von den Korinthern genommen. Vielmehr hatten die Christen, die aus Mazedonien gekommen waren, ihm finanziell unter die Arme gegriffen. Es war auch weiterhin die Absicht des Paulus, den Korinthern nicht zur Last zu fallen (V. 9). Er war entschlossen, nicht aufzuhören, sich dessen im Gebiet von Achaja zu rühmen, nicht um sich selbst zu rühmen oder weil er die Korinther nicht lieb hätte, sondern damit niemand ihn mit diesen so genannten „Überaposteln" auf eine Stufe stellen könnte (V. 11.12).

Die unmaskierte Wahrheit

Paulus deckt nun die Wahrheit über diese so genannten „Überapostel" auf: „Denn solche sind falsche Apostel, betrügerische Arbeiter und verstellen sich als Apostel Christi" (V. 13). Sie sind die Werkzeuge und Diener Satans und spiegeln das Wesen ihres Herrn wider, „denn er selbst, der Satan, verstellt sich als Engel des Lichts" (V. 14). Eine solche Beschreibung unterstreicht sein betrügerisches Wesen. Engel sind Boten Gottes, und Gott selbst ist Licht. Wenn Satan täuscht, dann vermittelt er den Eindruck, eine göttliche Offenbarung zu bringen. Satans Ende wird auch das Ende derer sein, die sein Werk tun (V. 15).

Die Motivation des Paulus

Es ist wichtig, Notiz davon zu nehmen, was Paulus während der ganzen Diskussion um das gefährliche Umfeld der Korinther und die Ursachen für die Schwierigkeiten motiviert, zu schreiben – Vers 2: „Denn ich eifere um euch mit göttlichem Eifer; denn ich habe euch verlobt mit einem einzigen Mann, damit ich Christus eine reine Jungfrau zuführe." Gott ist eifersüchtig. Eifrig ist er darauf bedacht, zu tun, was gut für sein Volk ist. Diese Wahrheit wird bereits im Alten Testament offenbart (2.Mose 20,5;34,14; 5.Mose 4,24;5,9;6,15; Josua 24,19). Seine Eifersucht entspringt der einzigartigen Empfindlichkeit seiner Liebe. Paulus wachte mit der gotteigenen Eifersucht über den Korinthern. Einige hielten die Sorge des Paulus vielleicht für „Torheit", aber sie spiegelte Gottes Sorge um die Liebe seines Volkes zu seinem Sohn wider.

Geistliche Prioritäten

In diesem Abschnitt können wir drei geistliche Prioritäten erkennen, die von großem Wert für uns sind.

1. Hingabe an Christus

Die Reinheit unserer Hingabe an den Herrn Jesus Christus ist eine geistliche Priorität. Die Sprache des Paulus in den Versen 2 und 3 lässt auf eine erstaunlich enge Beziehung schließen, die wir als Gläubige zum Herrn Jesus haben. In Buch der Offenbarung beklagt der Herr Jesus, dass die Gemeinde in Ephesus ihre erste Liebe verlassen hat (Offb 2,4). Es ist ein Wunder der Gnade Gottes, dass er uns mit dem

Herrn Jesus vereint. Wir sind wie Verlobte (V. 2). Allein unsere Liebe zu ihm zählt, und sie zählt gewichtig! Unsere Treue dem Herrn Jesus gegenüber ist ein Muss! Satan sorgt dafür, dass alle möglichen Dinge, sogar geistliche Pflichten und Aktivitäten, in Konkurrenz zu unserer Liebe zum Herrn Jesus treten oder sie bedrohen können. Wir sollten eifersüchtig über dem Wohlergehen unserer Liebe zu ihm wachen. Nie sind wir Gott dem Vater näher, als wenn wir seinen Sohn lieben.

2. Aufmerksam hören

Angesichts Satans unablässiger Aktivität müssen wir auf der Hut sein. Er kommt über uns häufig durch unseren Verstand und unsere Gedanken (V. 3). Er tut es durch Leute, denen wir zuhören, oder durch Bücher und Zeitschriften, die wir lesen. In der Apostelgeschichte werden die Beröer besonders hervorgehoben, weil sie nicht alles, was der Apostel Paulus ihnen sagte, angenommen haben, ohne es zuerst anhand der Schriften zu überprüfen, nicht einmal als Paulus persönlich zu ihnen kam (Apg 17,11). Paulus macht den Korinthern Mut, dasselbe zu tun, weil sie in diesem Bereich nachlässig gewesen sind. „Denn wenn einer zu euch kommt und einen andern Jesus predigt, den wir nicht gepredigt haben, oder ihr einen andern Geist empfangt, den ihr nicht empfangen habt, oder ein anderes Evangelium, das ihr nicht angenommen habt, so ertragt ihr das recht gern" (V. 4).

3. Unterscheidung

Paulus fordert die Korinther hier nicht auf, jedem zu misstrauen, aber er wünscht sich, dass sie zu unterscheiden lernen. Wir sollen alles überprüfen und das Gute behalten (1.Thess 5,21). Wir sollen nicht nur das, was wir hören, überprüfen, sondern den Geist und die Einstellung derer, deren Ziel es ist, Einfluss über uns zu gewinnen (V. 4). Anstatt uns von ihrer Beredsamkeit oder ihrer Bearbeitung beeindrucken zu lassen, sollten wir vor allem die „Sanftmut und Güte Christi" (2.Kor 10,1) suchen. Satans Fähigkeit, sich als „Engel des Lichts" zu verstellen und seine Diener als „Diener der Gerechtigkeit" darzustellen, besagt, dass vorgewarnt so viel wie vorbereitet bedeutet. „Ein Kluger sieht das Unglück kommen und verbirgt sich; aber die Unverständigen laufen weiter und leiden Schaden" (Spr 27,12).

Vertiefen und anwenden:

1. Was macht Eifersucht zu „göttlicher" Eifersucht (V. 2)?
2. Was lehrt uns die Beschreibung, die uns Paulus in Vers 2 über seine Sorge für die Korinther gibt, über pastorale Arbeit?
3. Was können wir aus diesem Abschnitt über die Art und Weise Satans lernen, in der er oft arbeitet?
4. Welches sind die größten Gefahren für unsere Hingabe an den Herrn Jesus?
5. Was kann uns helfen, unsere Liebe zum Herrn Jesus zu erhalten?
6. Fallen Ihnen Gelegenheiten ein, bei denen Ihnen klar wurde, dass jemand einen anderen Jesus, ein anderes Evangelium gepredigt oder einen anderen Geist gezeigt hat? Was hat Sie auf die Unterschiede aufmerksam gemacht?
7. Sprechen Sie über die Bedeutung und Anwendung von 1. Thessalonicher 5,21 auf der Grundlage dieses Abschnitts.

Notizen:

18.
Die Gefahren der Selbstbeweihräucherung

2. Korinther 11,16-33

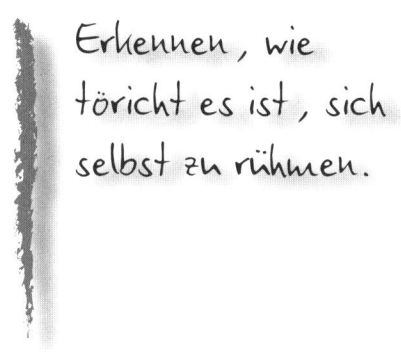

Ziel
> Erkennen, wie töricht es ist, sich selbst zu rühmen.

Ich sage abermals: niemand halte mich für töricht; wenn aber doch, so nehmt mich an als einen Törichten, damit auch ich mich ein wenig rühme. Was ich jetzt rede, das rede ich nicht dem Herrn gemäß, sondern wie in Torheit, weil wir so ins Rühmen gekommen sind. Da viele sich rühmen nach dem Fleisch, will ich mich auch rühmen. Denn ihr ertragt gerne die Narren, ihr, die ihr klug seid! Ihr ertragt es, wenn euch jemand knechtet, wenn euch jemand ausnützt, wenn euch jemand gefangen nimmt, wenn euch jemand erniedrigt, wenn euch jemand ins Gesicht schlägt. Zu meiner Schande muss ich sagen, dazu waren wir zu schwach! Wo einer kühn ist – ich rede in Torheit –, da bin ich auch kühn. Sie sind Hebräer – ich auch! Sie sind Israeliten – ich auch! Sie sind Abrahams Kinder – ich auch! Sie sind Diener Christi – ich rede

> töricht: ich bin's weit mehr! Ich habe mehr gearbeitet, ich bin öfter gefangen gewesen, ich habe mehr Schläge erlitten, ich bin oft in Todesnöten gewesen. Von den Juden habe ich fünfmal erhalten vierzig Geißelhiebe weniger einen; ich bin dreimal mit Stöcken geschlagen, einmal gesteinigt worden; dreimal habe ich Schiffbruch erlitten, einen Tag und eine Nacht trieb ich auf dem tiefen Meer. Ich bin oft gereist, ich bin in Gefahr gewesen durch Flüsse, in Gefahr unter Räubern, in Gefahr unter Juden, in Gefahr unter Heiden, in Gefahr in Städten, in Gefahr in Wüsten, in Gefahr auf dem Meer, in Gefahr unter falschen Brüdern; in Mühe und Arbeit, in viel Wachen, in Hunger und Durst, in viel Fasten, in Frost und Blöße, und außer all dem noch das, was täglich auf mich einstürmt, und die Sorge für alle Gemeinden. Wer ist schwach, und ich werde nicht schwach? Wer wird zu Fall gebracht, und ich brenne nicht? Wenn ich mich denn rühmen soll, will ich mich meiner Schwachheit rühmen. Gott, der Vater des Herrn Jesus, der gelobt sei in Ewigkeit, weiß, dass ich nicht lüge. In Damaskus bewachte der Statthalter des Königs Aretas die Stadt der Damaszener und wollte mich gefangen nehmen, und ich wurde in einem Korb durch ein Fenster die Mauer hinuntergelassen und entrann seinen Händen.
>
> 12,16-33

Paulus ist immer noch dabei, seinen Kritikern zu antworten, von denen einige Irrlehrer waren, die Einfluss in Korinth ausübten. Die ersten fünfzehn Verse des Kapitels lassen darauf schließen, dass diese Gegner sich nicht scheuten, sich selbst als sehr wichtig hinzustellen und mit ihrer Ausbildung und ihrer Kenntnis zu prahlen (V. 5.6). Ganz offen rühmten sie sich ihrer Überlegenheit, zu Unrecht. Viele Korinther waren von diesen „Überaposteln" so beeindruckt, dass sie sich sogar von ihnen ausnutzen ließen (V. 20).

Merkmale einer falschen Lehre

In Vers 20 werden drei Merkmale einer falschen Lehre genannt, die wir bei vielen zeitgenössischen Sekten finden. Paulus schreibt: „Ihr ertragt es, wenn euch jemand knechtet, wenn euch jemand ausnützt, wenn euch jemand gefangen nimmt, wenn euch jemand erniedrigt, wenn euch jemand ins Gesicht schlägt."

Das erste Merkmal ist Versklavung. Auf ganz unterschwellige Weise fordern falsche Lehrer vollkommene Loyalität von denen, die sie unterweisen, sodass diejenigen, die ihnen zuhören, zu Sklaven von Regeln und Verordnungen werden, die weit über das hinausgehen, was in der Bibel gelehrt wird. Falsche Lehrer schreiben ihren Anhängern häufig vor, was sie zu tun oder zu lassen haben.

Das zweite Merkmal ist Ausnutzung. Leider ist es in zwischenmenschlichen Beziehungen möglich, zu manipulieren und andere sogar für selbstsüchtige und wertlose Ziele und Zwecke einzusetzen. Falsche Lehrer sagen den Menschen zum Beispiel, was sie mit ihrem Geld tun sollen, und indem sie Großzügigkeit fordern, polstern sie damit eigentlich nur ihr eigenes Nest. Auch auf sexuellem Gebiet können Menschen ausgenutzt werden, wenn einzelne Menschen die Seelsorge missbrauchen, um Menschen in Not nahe zu kommen, nur um dann ihr Privileg auszunutzen.

Das dritte Merkmal ist schlechte Behandlung. Die Anordnungen falscher Lehrer gehen zumeist über das Maß an Kontrolle hinaus, das irgendjemand über eine andere Person haben sollte. Die Leute sind vielleicht so angetan von dem, was sie als „charismatische" Führung und geistliche Autorität betrachten, dass sie sich alles gefallen lassen.

Paulus ist nie mit den Korinthern so umgegangen, wie die „Überapostel" es taten. Er hat sie niemals versklavt. Er wollte nicht, dass sie ihm anhingen, sondern dem Herrn Jesus. Er hat sie nie ausgenutzt oder übervorteilt, sondern vielmehr mit seinen eigenen Händen gearbeitet, damit sie ihn nicht finanziell zu unterstützen brauchten. Sarkastisch fügte er hinzu: „Zu meiner Schande muss ich sagen, dazu waren wir zu schwach!" (V. 21).

Törichtes Reden

Paulus beschließt, seinen Gegnern mit ihren eigenen Waffen entgegenzutreten, indem er sich über das Selbstlob auslässt. „Ich sage abermals: niemand halte mich für töricht; wenn aber doch, so nehmt mich an als einen Törichten, damit auch ich mich ein wenig rühme" (V. 16). Er erkennt sofort, dass selbstbewusstes Lob nicht zu einer geistlichen Haltung passt. „Was ich jetzt rede, das rede ich nicht dem Herrn gemäß, sondern wie in Torheit, weil wir so ins Rühmen gekommen sind" (V. 17). Er rühmt sich nur, um die Wahrheit über seine Situation und die seiner Gegner klarzumachen.

Wessen sich die Gegner des Paulus rühmen

In den Versen 21 bis 29 werden zwei Bereiche genannt, in denen sich die Gegner des Paulus rühmen.

Erstens, sie rühmten sich ihrer jüdischen Herkunft (V. 22).

Das lässt darauf schließen, dass sie vermutlich „die aus den Juden" waren, die sehr großen Wert auf die Beschneidung legten. Solche Menschen sind auch anderswo in den neutestamentlichen Gemeinden zu finden, und vor allem werden sie in dem Brief an die Galater erwähnt.

Die Beschneidung war ein sehr kontrovers diskutiertes Thema in der frühen Gemeinde, weil die ersten Christen, die Juden waren, von den heidnischen Gläubigen die Beschneidung forderten (Apg 15,1). Das Konzil in Jerusalem löst das Problem (Apg 15,1–21), als es entschied, dass die Beschneidung den Heiden nicht vorgeschrieben werden sollte. Und trotzdem gab es die Befürworter der Beschneidung, oder „die aus dem Judentum", die sich für die Beschneidung als Voraussetzung zur Zugehörigkeit zur Gemeinde einsetzten (Gal 2,12; Tit 1,10).

Zweitens, die Gegner des Paulus rühmten sich ihres Dienstes für Christus (V. 23).

Vermutlich prahlten sie über das Ausmaß ihrer Arbeit und über das, was sie um der Sache willen auf sich genommen hatten. Paulus

18. Die Gefahren der Selbstbeweihräucherung

antwortet, er hätte viel mehr erlitten als diese falschen Lehrer, die „Überapostel", obwohl er dann, wie bereits angedeutet, von der Torheit des Selbstlobs spricht (V. 21).

Paulus stellt zuerst heraus, dass es keinen Zweifel an seiner eigenen jüdischen Herkunft und seinem bemerkenswerten Jüdischsein gibt. Wie er den Philippern mitteilt, hatte er mehr Grund, sich seiner jüdischen Abstammung und Treue zu rühmen, als die meisten anderen: „Der ich am achten Tag beschnitten bin, aus dem Volk Israel, vom Stamm Benjamin, ein Hebräer von Hebräern, nach dem Gesetz ein Pharisäer, nach dem Eifer ein Verfolger der Gemeinde, nach der Gerechtigkeit, die das Gesetz fordert, untadelig gewesen" (Phil 3,5.6).

Dann vergleicht Paulus die Auflistung der Verdienste der falschen Lehrer in ihrem Dienst für Christus mit seinen eigenen:

Erstens hatte keiner mehr vorzuweisen in seiner Arbeit für die Sache des Reiches Gottes als er. Er hatte mehr gearbeitet (V. 23) – obwohl er auch hier wieder eingesteht, dass ein solcher Anspruch töricht ist!

Zweitens war er mehr Gefahren ausgesetzt als die meisten. Er hat im Gefängnis gesessen, wurde ausgepeitscht, dem Tode ausgesetzt, geschlagen, gesteinigt und hat Schiffbruch erlitten (V. 23–25). Ständig unterwegs, in der Stadt, auf dem Land oder auf See, er geriet auf Flüssen in Gefahr, musste sich vor Räubern, Juden, Heiden und falschen Brüdern in Acht nehmen (V. 26).

Drittens, seine körperlichen Nöte überstiegen die der anderen, denn er wusste, was es hieß, ohne Schlaf auszukommen, Hunger und Durst zu leiden, Kälte und Blöße zu erdulden (V. 27).

Viertens und bedeutsam, seine größte Last war jedoch, weit mehr als irgendjemand anders die Fürsorge und die geistliche Verantwortung für die Gemeinden zu tragen. Dies kostete ihn besonders viel, wie er durch den Satz „außer all dem noch das" andeutet (V. 28).

Paulus identifiziert sich sehr stark mit dem Volk Gottes, wie es jeder wahre Pastor tun wird (V. 29). Wenn andere verzweifelt waren, teilte er ihre Verzweiflung. Wenn jemand den Versuchungen des Satans unterlag, war Paulus zornig auf Satan und besorgt um den Sünder. Zu unserem verborgenen, aber häufig sehr wichtigen Dienst für den Herrn Jesus gehört das Eintreten für andere im Gebet, und vor allem für diejenige, für die wir die geistliche Verantwortung tragen.

Wieder macht Paulus deutlich, wie töricht Selbstlob für ihn ist (V. 30). Um dieser Torheit entgegenzutreten, kommt er zu dem Schluss, dass er, wenn er sich schon rühmen soll, sich seiner Schwäche und nicht seiner Stärke rühmen will. Gleichzeitig bestätigt er seine Wahrhaftigkeit vor Gott in dem, was er sagt (V. 31). Das Beispiel, das er für Schwäche anführt, ist seine etwas unwürdige Flucht aus Damaskus in einem Korb (V. 32.33; vgl. Apg 9,23-25). Im nächsten Teil seines Briefes wird Paulus noch weiter dem Selbstlob seiner Gegner entgegentreten.

Nützliche Lektionen

So traurig dieser Konflikt mit seinen Kritikern auch war, es ist wichtig, innezuhalten und zu überlegen, welche hilfreichen Schlussfolgerungen wir aus dieser Stelle ziehen können. Sie wurde geschrieben zu unserer Unterweisung, und wir können darin sieben Lektionen erkennen.

Erstens, Selbstlob ist immer gefährlich (V. 16).

Wenn wir einmal damit angefangen haben, lassen wir uns vielleicht davon mitreißen. Der Stolz stirbt niemals ganz in uns ab, und wenn er erst einmal die Gelegenheit hat, gerät er leicht außer Kontrolle.

Zweitens, Selbstlob ist töricht (V. 17).

Diese Art des Rühmens passt zu der Welt, denn die Welt fordert uns auf, uns selbst zu verkaufen (V. 18). Wenn wir erkennen, dass „von ihm und durch ihn und zu ihm" alle Dinge sind (Röm 11,36), erschaudern wir bei dem Gedanken, uns etwas zuschreiben zu wollen, das Gott zusteht.

Drittens, wenn wir über uns und unsere Leistungen sprechen, sollte es unser Bemühen sein, so zu reden, wie der Herr es von uns möchte (V. 17).

Dann tun wir nichts „aus Eigennutz oder um eitler Ehre willen, sondern in Demut achte einer den andern höher als sich selbst" (Phil 2,3).

Viertens, der Dienst des Christen sollte durch Selbstlosigkeit gekennzeichnet sein.

Wir können dies erreichen, indem wir willentlich dem Beispiel unseres Herrn Jesus in seiner „Sanftmut und Güte" (V. 20; vgl. 2.Kor 10,1; Phil 2,5-11) folgen. Es ist besser, als schwach angesehen werden, denn als selbstsüchtig und manipulativ (V. 21).

Fünftens, im Leben eines Christen ist kein Raum für Vertrauen auf menschliche Leistungen oder Vorfahren (V. 22).

Wesentlich für das geistliche Verständnis und das Eintreten in die Erlösung ist die Erkenntnis, dass wir Gott nichts zu bieten haben und einhundertprozentig abhängig sind von seiner Gnade und von seinem Erbarmen.

Sechstens, es ist kein Raum für Vertrauen auf die Größe unseres Dienstes (V. 23).

Bestenfalls sind wir nutzlose Diener! Die letzten Worte von William Grimshaw, einem herausragenden Christen des achtzehnten Jahrhunderts, waren: „Hier geht ein nutzloser Diener." Das Beste, was wir tun können, ist nichts als eine armselige Erwiderung der Liebe unseres Herrn Jesus, der für uns ans Kreuz gegangen ist.

Siebtens, wir alle haben unsere Schwächen, ungeachtet unserer Stärken.

Darum tun wir besser, uns dessen zu rühmen, was unsere Schwäche zeigt, als unsere Stärke, denn dann bekennen wir unsere Abhängigkeit von Gott. Gott wird nicht durch unser Selbstlob geehrt, sondern durch unsere demütige Abhängigkeit von ihm.

Vertiefen und anwenden:

1. Fallen Ihnen zeitgemäße Beispiele falscher Lehre ein? Wenn das so ist, inwiefern stimmen die Merkmale mit denen überein, die Paulus beschreibt (V. 20)?
2. Wann stehen wir besonders in der Gefahr, uns zu rühmen? Wie können wir diese Gefahr praktisch vermeiden?
3. Wie können wir im Dienst für andere sicherstellen, dass wir die Menschen nicht an uns binden, sondern vielmehr an den Herrn Jesus Christus?

Notizen:

19.
Die Vision von Paulus und sein Pfahl im Fleisch

2. Korinther 12,1-13

Ziel

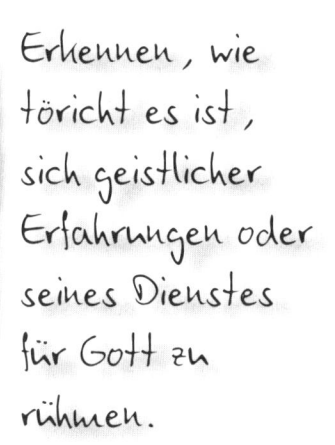

> Erkennen, wie töricht es ist, sich geistlicher Erfahrungen oder seines Dienstes für Gott zu rühmen.

Gerühmt muss werden; wenn es auch nichts nützt, so will ich doch kommen auf die Erscheinungen und Offenbarungen des Herrn. Ich kenne einen Menschen in Christus; vor vierzehn Jahren – ist er im Leib gewesen? ich weiß es nicht; oder ist er außer dem Leib gewesen? ich weiß es auch nicht; Gott weiß es –, da wurde derselbe entrückt bis in den dritten Himmel. Und ich kenne denselben Menschen – ob er im Leib oder außer dem Leib gewesen ist, weiß ich nicht; Gott weiß es –, der wurde entrückt in das Paradies und hörte unaussprechliche Worte, die kein Mensch sagen kann. Für denselben will ich mich rühmen; für mich selbst aber will ich mich nicht rühmen, außer meiner Schwachheit. Und wenn ich mich rühmen wollte, wäre ich nicht töricht; denn ich würde die Wahrheit sagen. Ich enthalte mich aber

> dessen, damit nicht jemand mich höher achte, als er an mir sieht oder von mir hört. Und damit ich mich wegen der hohen Offenbarungen nicht überhebe, ist mir gegeben ein Pfahl ins Fleisch, nämlich des Satans Engel, der mich mit Fäusten schlagen soll, damit ich mich nicht überhebe. Seinetwegen habe ich dreimal zum Herrn gefleht, dass er von mir weiche. Und er hat zu mir gesagt: Lass dir an meiner Gnade genügen; denn meine Kraft ist in den Schwachen mächtig. Darum will ich mich am allerliebsten rühmen meiner Schwachheit, damit die Kraft Christi bei mir wohne. Darum bin ich guten Mutes in Schwachheit, in Misshandlungen, in Nöten, in Verfolgungen und Ängsten, um Christi willen, denn wenn ich schwach bin, so bin ich stark. Ich bin ein Narr geworden! Dazu habt ihr mich gezwungen. Denn ich sollte von euch gelobt werden, da ich doch nicht weniger bin als die „Überapostel", obwohl ich nichts bin. Denn es sind ja die Zeichen eines Apostels unter euch geschehen in aller Geduld, mit Zeichen und mit Wundern und mit Taten. Was ist's, worin ihr zu kurz gekommen seid gegenüber den andern Gemeinden, außer dass ich euch nicht zur Last gefallen bin? Vergebt mir dieses Unrecht.
>
> 12,1–13

Paulus bleibt bei seinem Thema des Rühmens: „Gerühmt muss werden" (V. 1). In den vorhergehenden Abschnitten konzentrierte sich sein Rühmen auf seine jüdische Abstammung und seinen Dienst für den Herrn Jesus Christus. Dies waren zwei Bereiche, in denen offensichtlich die Kritik seiner Gegner ansetzte. Da waren jedoch noch andere, und er erwähnt zwei weitere.

Geistliche Erfahrungen

Die Kapitel 12 bis 14 des ersten Korintherbriefes lassen darauf schließen, dass sich die Korinther besonders für die spektakulären und ungewöhnlichen Gaben des Heiligen Geistes interessierten und sich von ihnen faszinieren ließen. Die Förderung dieses völlig in Anspruch nehmenden Interesses mag der Schwerpunkt der „Überapostel" gewesen sein.

Wieder antwortet Paulus, indem er sich seiner geistlichen Erfahrungen rühmt, und vor allem der „Erscheinungen und Offenbarungen des Herrn" (V. 1). Wir müssen jedoch beachten, dass er seine Bewertung über den Nutzen derartigen Rühmens wiederholt: „Wenn es auch nichts nützt" (V. 1). Sich geistlicher Erfahrungen zu rühmen, ist besonders unangebracht, da sie, wenn sie echt sind, ein Geschenk Gottes sind, und zwar ganz und gar. Prahlerei entsteht aus Stolz und steigert den Stolz. Wenn wir anfangen, uns zu rühmen, heben wir uns unweigerlich von anderen ab und säen die Saat der Uneinigkeit. Stolz trennen wir uns, demütig bleiben wir zusammen.

Stolz ist allzu sehr eine verborgene Sünde. Die Menschen, die wir als demütig und gegen den Stolz immun ansehen, sind sich wahrscheinlich dieses Fallstricks zutiefst bewusst. Sie wissen, dass der Einzige, der sie letztlich demütigen kann und demütig halten kann, ihr Meister ist, indem er ihnen die Torheit zeigt und ihnen sein Vorbild für Demut vor Augen stellt.

Paulus beschreibt einen Mann, den er in Christus kannte (V. 2). Ganz eindeutig meint er sich selbst, aber die Tatsache, dass er in der dritten Person von sich schreibt, ist ein Zeichen für Demut. Er möchte die Erfahrung mit anderen teilen, aber die Aufmerksamkeit will er von sich weg lenken. Vierzehn Jahre vor dem Schreiben dieses Briefes wurde er „entrückt bis in den dritten Himmel" (V. 2). Er wusste nicht, ob er im Leibe oder außer dem Leibe gewesen war. Er wusste nicht, ob dies allein eine geistliche Erfahrung oder vielleicht auch eine körperliche Erfahrung gewesen war. Auf jeden Fall wurde er ins Paradies entrückt (V. 3.4). „Paradies" ist ein orientalisches Wort, das zuerst von den Persern für einen abgeschlossenen oder von einer Mauer eingeschlossenen Garten gebraucht wurde. Es drückt die Vorstellung von einem Ort höchsten Glückes über der Erde aus. Vom „Baum des Lebens" heißt es, dass er im Paradies Gottes steht (Offb 2,7). Unser Herr Jesus deutete an, dass dies die himmlische Wohnung ist, in die die Seelen der Gläubigen nach dem Tod gehen (Lk 23,43).

Ins Paradies entrückt, hörte Paulus unaussprechliche Worte, die er nicht weitergeben durfte. Diese Erfahrung war es nach menschlicher

Einschätzung wert, sich ihrer zu rühmen, aber er beschloss, es nicht zu tun (V. 6). (Dies unterstreicht die Annahme, warum er in der dritten Person schreibt.) Vielmehr war es sein Entschluss, sich allein seiner Schwachheiten zu rühmen (V. 5). Wenn wir uns unserer Schwächen rühmen, dann prahlen wir damit, wie groß Gott ist, solche schwachen Werkzeuge zu gebrauchen! Paulus leugnete nicht, dass er, menschlich gesprochen, viel Grund hatte, sich zu rühmen. Jedoch sollte niemand höher von ihm denken, als der Integrität seines Lebens und seiner Rede angemessen war.

Vers 7 bestätigt eindeutig, dass der „Mensch in Christus" in Vers 2 Paulus selbst war. Er hatte „hohe Offenbarungen" bekommen (V. 7). Solche geistlichen Erfahrungen verbargen jedoch die Gefahr geistlichen Hochmuts, eine der schlimmsten Formen, die der Stolz annehmen kann. Er lässt darauf schließen, dass wir das Kreuz und unsere Abhängigkeit von der Gnade unseres Herrn Jesus Christus aus dem Blick verloren haben. Es gibt nichts Gutes, das der Teufel nicht ins Böse zu verkehren sucht. Wenn wir Gott besonders nah sind, greift uns Satan vielleicht sowohl mit unterschwelligen als auch offensichtlichen Versuchungen an.

Damit Paulus nicht überheblich wurde, bekam er einen „Pfahl" ins Fleisch (V. 7). An keiner Stelle wird uns gesagt, was dieser Pfahl war, aber wir können davon ausgehen, dass es sich um ein körperliches Leiden handelte, da es „in seinem Fleisch" war. An diesem Punkt hat es viele Spekulationen gegeben, die jedoch sinnlos sind. Vermutlich wird uns aus gutem Grund nicht gesagt, worum es sich gehandelt hat. Was wir jedoch wissen, ist, dass es ihn quälte, was die Regelmäßigkeit und Intensität der Probleme impliziert, die es verursachte.

Der „Pfahl" wurde zu „Satans Engel" (V. 7). Zweifellos hat Satan ihm, wenn er besonders litt, zugeflüstert: „Warum ausgerechnet du, Paulus? Ohne das könntest du Gott umso besser dienen. Warum lässt Gott das zu?" Wenn er uns versucht, ermutigt uns Satan, die Aufrichtigkeit des Wesens und der Verheißungen Gottes anzuzweifeln. Wenn er mit den Angriffen auf unseren Glauben Erfolg hat, wird es nicht lange dauern, bis wir auch in anderen Bereichen versagen, als Christen zu leben. Wenn uns akute Probleme plagen, versucht er besonders, uns an der Liebe Gottes zweifeln zu lassen.

Paulus beschreibt seinen geistlichen Kampf mit dem Herrn

über diesen „Pfahl" (V. 8). Dreimal flehte er den Herrn an, ihn wegzunehmen. Dies erinnert uns daran, dass unser Herr Jesus dreimal in Gethsemane gebetet hatte, der bittere Kelch des Leidens möge an ihm vorübergehen (Mt 26,36–44). Die Antwort des Herrn auf das Gebet des Paulus war „Nein". Stattdessen sollte er es ertragen, und er würde die dazu notwendige Kraft und Gnade bekommen.

Dies war eine Wahrheit, die Paulus die Korinther bereits in seinem ersten Brief gelehrt hatte: „Bisher hat euch nur menschliche Versuchung getroffen. Aber Gott ist treu, der euch nicht versuchen lässt über eure Kraft, sondern macht, dass die Versuchung so ein Ende nimmt, dass ihr's ertragen könnt" (1.Kor 10,13). „Ein Ende" ist dann häufig eine erneuerte Erfahrung der Gnade. Anstatt Paulus den Pfahl wegzunehmen, hat der Herr ihm versprochen: „Lass dir an meiner Gnade genügen; denn meine Kraft ist in den Schwachen mächtig" (V. 9). Ambrosius[9], ein Christ aus dem vierten Jahrhundert, drückte dies folgendermaßen aus: „Manchmal, wenn Satan besonders aktiv ist, tritt der Herr mit seinem Zeugnis dazwischen und stopft dem Löwen das Maul, damit er nichts mehr sagen kann."

Wie unschätzbar wertvoll für jeden Christen ist das Versprechen aus Vers 9! Wie lohnend jeder „Dorn", der uns diese Lektion lehrt! Manche wichtigen Lektionen werden ohne diese „Dornen" vielleicht nie gelernt (zum Beispiel 2.Kor 1,3–11). Die Verheißung des Herrn und seine gnädige Zusicherung veränderten und verwandelten die ganze Einstellung von Paulus gegenüber diesem Leid in seinem Leben, das Gott zuließ. Es lehrte ihn, sich nicht seiner Stärke oder Stärken zu rühmen, sondern seiner Schwäche und Schwächen (V. 9). In diesem herrlichen Paradoxon entdeckte er das Geheimnis des Segens – Christi Kraft war in ihm (V. 9). Darum konnte er sich um Christi willen seiner Schwäche, den Beleidigungen, Nöten, Verfolgungen und Schwierigkeiten freuen. Wenn er schwach war, dann war er stark (V. 10).

Dieses Prinzip ist keine Neuigkeit des Neuen Testaments noch diesem einzigartig. Jesaja verkündete: „Er gibt den Müden Kraft, und

---

[9] Ambrosius (ca. 339–397), einer der vier großen abendländischen Kirchenlehrer, die das Christentum im Abendland durchzusetzen halfen und noch in der Gegenwart Bedeutung haben. Als Prediger und Seelsorger war er eine eindrucksvolle Persönlichkeit und hat auch Augustinus zum Christentum gebracht.

Stärke genug dem Unvermögenden" (Jes 40,29). Die Worte des Paulus sind die Anwendung des Prinzips aus 2. Korinther 4,7: „Wir haben aber diesen Schatz in irdenen Gefäßen, damit die überschwängliche Kraft von Gott sei und nicht von uns." Es ist die natürliche Konsequenz der bewussten Entscheidung Gottes für die schwachen Dinge, die „zuschanden machen, was stark ist" (1.Kor 1,27). Nach diesem Prinzip sollten wir leben! Gott lässt die Versuchungen Satans zu unserem Besten dienen, da sie uns dazu bringen, uns in betender Abhängigkeit an Gott und seine Verheißungen zu klammern. So wie wir durch unsere Schwierigkeiten gedemütigt werden, werden wir gestärkt durch die allgenugsame Gnade unseres Heilands.

Beweise für das Apostelamt

Paulus lenkt die Aufmerksamkeit nun auf die Beweise für sein Apostelamt (V. 11-13). Dies war anscheinend ein Streitthema unter den Korinthern, denn einige der Gegner und Kritiker des Paulus bezeichneten sich selbst als „Überapostel". Eine solche Position gibt es in der Gemeinde nicht, obwohl menschlicher Stolz und Weisheit einen Menschen dazu bringen können, anders zu denken. Indem Paulus die Aufmerksamkeit auf sein Apostelamt lenkt, weist er erneut darauf hin, wie dumm es ist, sich bestimmter Dinge zu rühmen. Eigentlich hätten die Korinther für Paulus eintreten müssen, doch so war er gezwungen, sich selbst zu verteidigen (V. 11). Die Korinther waren in der besonderen Position, Paulus empfehlen zu können, weil sie die „Zeichen eines Apostels" während der achtzehn Monate, die Paulus bei ihnen gelebt und die Gemeinde gegründet hatte, miterlebt hatten. Sie waren lebendige Empfehlungsschreiben seines Apostelamts.

Paulus nennt „Zeichen und Wunder und Taten" als die Kennzeichen seines Apostelamts. Vermutlich weist er darauf hin, weil solche Beweise von den „Überaposteln" als besonders wichtig angesehen wurden. Er hatte sie unter ihnen vollbracht „in aller Geduld" (V. 12). Bezeichnenderweise wird in Apostelgeschichte 18,1-18 von diesen Dingen nichts erwähnt. Dies deutet darauf hin, dass sie nicht die wichtigsten Kennzeichen seines Apostelamts waren. Für die Korinther jedoch, unter dem Einfluss der „Überapostel", waren sie wichtig.

Die Bedeutung der Apostel lag in ihrer Lehre, in ihrer treuen Verkündigung des Evangeliums nach der Schrift (1.Kor 15,1-9; Apg 18,11;20,27). Der Zweck der „Zeichen, Wunder und Taten" (V. 12) sollte das Wort bestätigen, das verkündigt wurde (Mk 16,20; Hebr 2,3.4). Allerdings ist Paulus den Korinthern nicht finanziell zur Last zu gefallen, was er ohne weiteres hätte tun können (V. 13). Dafür entschuldigt er sich!

Gesunde Prioritäten

Hilfreiche Lektionen kommen zum Vorschein, da Paulus den Korinthern sein Herz öffnet.

Geistliche Erfahrung

Wichtiger als besondere und vielleicht aufregende geistliche Erfahrungen ist die tägliche Erfahrung der Gnade unseres Retters. Behauptungen über geistliche Erfahrungen dürfen nicht für bare Münze genommen werden: Sie sollten immer anhand der klaren Lehre der Bibel überprüft und beurteilt werden. Zwar können wir auf besonderen Veranstaltungen geistliche Erfahrungen machen, aber genauso gut und viel wahrscheinlicher erleben wir sie, wenn wir uns in schwierigen Situationen oder im Leid an die Verheißungen Gottes klammern. Gott zu erkennen, ist wichtiger als das Haschen nach Erfahrungen. Ihn zu erkennen, ist wichtiger als geistliche Gaben. Der beste Beweis für geistliches Wachstum und geistliche Gesundheit ist unser Wunsch, Gott zu erkennen.

Schwäche und Kraft

Wesentliche Voraussetzung für wahre Weisheit ist die Erkenntnis unserer Schwachheit. Schwachheit ist sowohl im ersten als auch im zweiten Korintherbrief ein wichtiges Thema (1.Kor 1,26-31; 2.Kor 4,7; 12,9.10). Paradoxerweise ist unsere Schwäche ein Aktivposten.

Schwierigkeiten sind eine Herausforderung

Paulus nimmt die Herausforderung in Form unterschiedlichster Schwierigkeiten an, inklusive Schwachheit, Nöte und Verfolgungen (V. 10). Unser Herr Jesus hat darauf geachtet, dass wir um die Schwierigkeiten wissen, die mit der Jüngerschaft einhergehen (Lk 9,57-62). Christen werden zwangsläufig Schwierigkeiten bekommen, wo immer sie auf der Welt leben. Aber was macht das schon? Gott ist derselbe, wo immer wir auch sind. David Livingstone[10] drückte es folgendermaßen aus: „Was sind Schwierigkeiten anderes als Dinge, die zu überwinden sind?" Uns fällt es vielleicht leichter, mit Jesus zu gehen, wenn wir mit Schwierigkeiten zu kämpfen haben, so wie es bei Paulus war. Samuel Wilkes, ein Christ aus dem achtzehnten Jahrhundert, beobachtete sehr passend: „Ein Christ wird umgeben von Feuer oder Wasser niemals einschlafen, aber in der Sonne wird er schläfrig werden." Schwierigkeiten zeigen, wie fest wir in unserem Glauben an Gott verankert sind. Der Chinamissionar Hudson Taylor[11] sprach hinsichtlich einer Herausforderung, vor der er und seine Mitmissionare standen: „Ich habe festgestellt, dass es drei Phasen gibt. Erstens, es ist unmöglich, dann, es ist schwierig, und schließlich, es ist geschafft." Unsere Lebenseinstellung sollte die gleiche sein.

Für Gottes Diener eintreten

Satan sorgt dafür, dass selbst die besten Diener Christi im Kreuzfeuer der Kritik stehen oder verunglimpft werden, wie es bei Paulus der Fall war. Wenn die Korinther für ihn eingetreten wären, wie es eigentlich ihre Pflicht gewesen wäre, dann hätte ein großer Teil dieses zweiten Briefes nicht geschrieben werden müssen. Wenn Menschen schlecht von denen sprechen, die wir als aufrichtige Diener Christi kennen, sollten wir nicht schweigen. Vielmehr sollten wir mit „der Sanftmut und Güte Christi" (2.Kor 10,1) versuchen, die Dinge richtig zu stellen.

---

[10] David Livingstone (1813-1873), Arzt, Theologe und Afrikamissionar - Entdecker der Victoriafälle. Er war bekannt als „Menschenfreund", bemüht, den Sklavenhandel abzuschaffen, die Verkehrswege und die wirtschaftlichen Verhältnisse in Afrika zu verbessern und außerdem der geografischen Wissenschaft zu dienen.

[11] James Hudson Taylor (1832-1905). 1865 gründete er in England die *China-Inland-Mission* (heute Überseeische Missions-Gemeinschaft).

Angemessenes Rühmen

Zwar musste Paulus sich gegen die falschen Anschuldigungen verteidigen, damit der Glaube der Korinther an das apostolische Zeugnis nicht geschwächt würde, aber er wusste, dass Rühmen töricht war. Das einzig angemessene Lob ist, dass wir uns des Herrn rühmen. Ein solches Lob ist ein Segen für andere; wenn wir dagegen uns selbst rühmen, tritt genau das Gegenteil ein. Davids Entschlossenheit möge auch auf uns übergehen: „Meine Seele soll sich rühmen des Herrn, dass es die Elenden hören und sich freuen" (Ps 34,3).

Vertiefen und anwenden:

1. Wenn jemand besondere geistliche Erfahrungen fordert oder wir selbst, wie lässt sich deren Echtheit überprüfen?
2. Warum ist geistlicher Stolz schlimmer als viele andere Formen des Stolzes?
3. Inwiefern versucht Satan häufig, Kapital aus unserer Krankheit und unseren körperlichen Beschwerden zu schlagen?
4. Beschäftigen Sie sich mit dem Thema Schwachheit in den Briefen des Paulus an die Korinther (zum Beispiel 1.Kor 1,26-31;4,10;9,22; 2.Kor 11,29.30;12,9.10;13,9). Was können wir aus der Erfahrung des Paulus lernen?

Notizen:

20.
Reisevorbereitungen für den dritten Besuch

2.Korinther 12,14–13,14

Ziel

> Den Zweck des Paulus für seinen beabsichtigten Besuch bei den Korinthern erkennen und daraus lernen.

Siehe, ich bin jetzt bereit, zum dritten Mal zu euch zu kommen, und will euch nicht zur Last fallen; denn ich suche nicht das Eure, sondern euch. Denn es sollen nicht die Kinder den Eltern Schätze sammeln, sondern die Eltern den Kindern. Ich aber will gern hingeben und hingegeben werden für eure Seelen. Wenn ich euch mehr liebe, soll ich darum weniger geliebt werden? Nun gut, ich bin euch nicht zur Last gefallen. Aber bin ich etwa heimtückisch und habe euch mit Hinterlist gefangen? Habe ich euch etwa übervorteilt durch einen von denen, die ich zu euch gesandt habe? Ich habe Titus zugeredet und den Bruder mit ihm gesandt. Hat euch etwa Titus übervorteilt? Haben wir nicht beide in demselben Geist gehandelt? Sind wir nicht in denselben Fußstapfen gegangen? Schon lange werdet ihr denken, dass wir uns vor euch verteidigen. Wir reden jedoch in Christus vor Gott! Aber das alles geschieht, meine Lieben, zu eurer Erbauung. Denn ich fürchte, wenn ich komme, finde ich euch nicht, wie ich will, und ihr findet mich auch nicht, wie ihr wollt, sondern es gibt Hader, Neid, Zorn, Zank, üble Nachrede, Verleumdung, Aufgeblasenheit, Unordnung. Ich fürchte, wenn ich abermals komme, wird mein Gott mich demütigen bei euch, und ich muss Leid tragen über viele, die zuvor gesündigt und nicht Buße getan haben für die Unreinheit und Unzucht und Ausschweifung, die sie getrieben haben.

Jetzt komme ich zum dritten Mal zu euch. „Durch zweier oder dreier Zeugen Mund soll jede Sache bestätigt werden" (5.Mose 19,15). Ich habe es vorausgesagt und sage es abermals voraus – wie bei meinem zweiten Besuch, so auch nun aus der Ferne – denen, die zuvor gesündigt haben, und den andern allen: Wenn ich noch einmal komme, dann will ich euch nicht schonen. Ihr verlangt ja einen Beweis dafür, dass Christus in mir redet, der euch gegenüber nicht schwach ist, sondern ist mächtig unter euch. Denn wenn er auch gekreuzigt worden ist in Schwachheit, so lebt er doch in der Kraft Gottes. Und wenn wir auch schwach sind in ihm, so werden wir uns doch mit ihm lebendig erweisen an euch in der Kraft Gottes. Erforscht euch selbst, ob ihr im Glauben steht; prüft euch selbst! Oder erkennt ihr euch selbst nicht, dass Jesus Christus in euch ist? Wenn nicht, dann wärt ihr ja untüchtig. Ich hoffe aber, ihr werdet erkennen, dass wir nicht untüchtig sind. Wir bitten aber Gott, dass ihr nichts Böses tut; nicht damit wir als tüchtig angesehen werden, sondern damit ihr das Gute tut und wir wie die Untüchtigen seien. Denn wir vermögen nichts wider die Wahrheit, sondern nur etwas für die Wahrheit. Wir freuen uns ja, wenn wir schwach sind und ihr mächtig seid. Um dies beten wir auch, um eure Vollkommenheit. Deshalb schreibe ich auch dies aus der Ferne, damit ich nicht, wenn ich anwesend bin, Strenge

> *gebrauchen muss nach der Vollmacht, die mir der Herr gegeben hat, zu erbauen, nicht zu zerstören. Zuletzt, liebe Brüder, freut euch, lasst euch zurechtbringen, lasst euch mahnen, habt einerlei Sinn, haltet Frieden! So wird der Gott der Liebe und des Friedens mit euch sein. Grüßt euch untereinander mit dem heiligen Kuss. Es grüßen euch alle Heiligen. Die Gnade unseres Herrn Jesus Christus und die Liebe Gottes und die Gemeinschaft des Heiligen Geistes sei mit euch allen.*
>
> 12,14–13,14

Zweimal erwähnt Paulus seinen beabsichtigten „dritten Besuch" (12,14;13,1). Teil seiner Absicht beim Schreiben dieses Briefes war es, diesen Besuch vorzubereiten. Aus diesem Grund schreibt er ehrlich über seine und die Beziehung seiner Mitarbeiter zu den Korinthern. In diesem Schlussteil seines Briefes können wir sieben Absichten erkennen.

Keine Änderung der finanziellen Pläne

In Bezug auf die finanzielle Unterstützung hat er seine Meinung nicht geändert (12,14–18). Paulus drückt erneut seine Entschlossenheit aus, den Korinthern nicht zur Last fallen zu wollen (12,14). Wie wir bereits gesehen haben, war sein Streben nach Wahrung finanzieller Unabhängigkeit, wo es ihm angebracht erschien, von einigen Christen in Korinth missverstanden oder falsch interpretiert worden.

Mit großer Gewissheit entstand diese Kritik aufgrund der andersartigen Praxis der „Überapostel". Wir können uns vorstellen, wie geredet wurde: „Wenn Paulus ein echter Apostel wäre, hätte er finanzielle Unterstützung gefordert." Vielleicht haben sie sogar die Worte des Herrn Jesus zitiert, um ihre Zweifel zu stützen: „Ein Arbeiter ist seines Lohnes wert" (Lk 10,7). Paulus praktizierte jedoch einen anderen Grundsatz, den der Herr Jesus gelehrt hatte: „Geben ist seliger als nehmen" (Apg 20,35).

Paulus wollte klarmachen, dass er nicht an dem materiellen Besitz der Korinther interessiert war, sondern an ihrem geistlichen Wohlergehen (12,14). Paulus war der geistliche Vater von vielen von ihnen. Er erinnert sie an einen menschlichen Grundsatz, der auch geistliche Bedeutung hat: „Denn es sollen nicht die Kinder den Eltern Schätze sammeln, sondern die Eltern den Kindern" (12,14). Eltern sollten bereit sein, Opfer für ihre Kinder zu bringen, nicht umgekehrt. So war auch Paulus entschlossen, alles, was er besaß, wenn nötig für die Korinther einzusetzen, ihnen auch sich selbst und all seine Energie zu opfern (12,15). In dieser Entschlossenheit folgte er in den Fußstapfen seines Herrn.

Leider dämpften die Anschuldigungen der Kritiker des Paulus die Korinther in ihrer Liebe zu Paulus, trotz seiner Bemühungen, das Richtige und Beste für sie zu tun (12,15). Hinter solchen traurigen Umständen steckt das Handeln Satans. Die negative Einstellung der Korinther zu ihm brachte Paulus jedoch nicht dazu, ein richtiges Prinzip aufzugeben (12,16). Einige Mitglieder der Gemeinde haben vielleicht mit der Weigerung des Paulus, finanzielle Unterstützung anzunehmen, ihren Vorwurf des gerissenen Betrugs untermauert. Auf diesen Vorwurf geht er ein, indem er die Aufmerksamkeit auf die Integrität derer lenkt, die er nach Korinth geschickt hatte, um die Gaben für die Not leidenden Heiligen in Jerusalem zu verwalten. Titus und der Bruder, der ihn begleitete, stimmten vollkommen mit den Motiven und dem Handeln des Paulus überein (12,18).

Es ist nur natürlich und recht, nicht zu wollen, dass von unserem Besten schlecht gesprochen wird (Röm 14,16). Wenn dieser Fall dann aber doch eintritt, sollten wir keinesfalls aufhören, das Richtige zu tun. Wenn wir nicht mehr nach dem Guten und Richtigen streben, hat Satan gewonnen.

Ein klares geistliches Ziel

Das geistliche Ziel des Paulus ist, die Korinther in ihrem Glauben zu stärken (12,19). Er spürte, dass die Korinther den Eindruck hatten, sein Brief sei eine Form der Selbstverteidigung. Sein Beharren auf das Rühmen bestärkte diese Angst nur noch. Darum sagt er: „Habt ihr vielleicht die ganze Zeit gedacht, dass wir uns vor euch verteidigen?"

Ein wichtiger Teil pastoralen Einfühlungsvermögens ist der Wunsch und die Fähigkeit, uns in die Lage derer zu versetzen, denen wir helfen möchten, und sich vorzustellen, was sie wohl denken mögen.

Paulus versichert den Korinthern, dass er und diejenigen, die er repräsentiert, „in Christus vor Gott" (12,19) gesprochen und geschrieben haben. Beide Redewendungen, „vor Gott" und „in Christus", sind es wert, beachtet und betont zu werden. Sich in all seinem Tun von dem Gedanken leiten zu lassen, dass Gott alles sieht, was wir tun, und dass wir unser Leben im Licht unserer geistlichen Einheit mit Christus leben sollen, ist das Geheimnis christlicher Heiligkeit und Integrität. Paulus bestätigt, dass sein oberstes Ziel die Stärkung der Korinther in ihrem Glauben war (12,19). Die säkulare Bedeutung des Wortes „Stärkung" hat mit dem Bau eines Hauses zu tun. Hier und an anderer Stelle im Neuen Testament wird es in Bezug auf die geistliche Auferbauung von Menschen gebraucht. Gemeindewachstum ist nicht nur in Zahlen zu messen. Mit den steigenden Zahlen muss ein Wachstum in der Gnade und der Erkenntnis des Herrn Jesus einhergehen. Während die Gemeinde geistlich wächst, wird sie ausgerüstet, um auch zahlenmäßig zu wachsen (Apg 9,31). Dies ist ein Geheimnis effektiver Evangelisation. Die Stärkung der Gläubigen ist immer das Ziel der seelsorgerlichen Fürsorge.

Vorahnungen und Ängste

Paulus fasst seine Vorahnungen und Ängste in Bezug auf seine Ankunft in Korinth in Worte (12,20.21). Er ist um seinen angekündigten Besuch besorgt. Er ist beunruhigt wegen der gegenseitigen Erwartungshaltung an diesen Besuch und um das, was er bei seinem Besuch vorfindet und was er folglich empfinden wird. Er befürchtet, dass die Korinther bei seiner Ankunft nicht mehr so sind, wie er es gern sehen würde. Sie wiederum könnten an ihm kein Gefallen finden. Paulus hat auch Angst vor den unangenehmen und ungelösten Problemen, die ihn bei seiner Ankunft vielleicht erwarten könnten. Dadurch, dass er seinen Befürchtungen auf diese Weise Ausdruck verleiht, fordert er die Korinther auf sanfte Weise auf, sich vor seiner Ankunft der ungelösten Themen anzunehmen, damit sein Besuch der gegenseitigen Ermutigung dienen kann.

Streitereien, Eifersucht, Zornesausbruch, Spaltungen, Verleumdung, Klatsch, Arroganz und Unordnung, dies waren Dinge, mit denen er rechnete. Wie schnell entstehen *Streitereien*, wenn menschlichen Angelegenheiten der Platz eingeräumt wird, der dem Herrn Jesus allein zusteht (vgl. 1.Kor 1,12.13;3,3-5) oder wenn Dispute außer Kontrolle geraten (1.Kor 6,1-8). Nachdem sie einmal ausgebrochen sind, können Streitereien nur schwer wieder geschlichtet werden. „Wer Streit anfängt, gleicht dem, der dem Wasser den Damm aufreißt. Lass ab vom Streit, ehe er losbricht" (Spr 17,14).

Hinter einem Streit steckt häufig *Eifersucht*, und das führt zu Zank (1.Kor 3,3). Das fördert Intrigen und falsche Anschuldigungen (Dan 6,4.5). Leider ist so etwas auch zwischen christlichen Predigern und Führern zu finden (Phil 1,15-18). „Eifersucht ist Eiter in den Gebeinen" (Spr 14,30).

Zornesausbrüche entstehen aus Eifersucht. Wenn der Zorn erst einmal hochkommt, wird die Wahrheit leicht aus dem Blick verloren, und der Teufel erringt einen Vorteil. Menschen ergreifen dann Partei, und *Spaltungen* entstehen. Hauptpersonen werden dann *verleumdet*, und es wird über sie *geklatscht*, etwas, was unser gefallenes und sündiges Wesen leider zu gern tut. „Die Worte des Verleumders sind wie Leckerbissen und gehen einem glatt ein" (Spr 26,22).

Sowohl Verleumdung als auch üble Nachrede zeugen vom *Stolz* des Menschen, denn nur zu leicht gleiten wir ab in das Richten anderer (Lk 6,37). Dieses unglückliche Handeln unserer sündigen Natur bringt weitere traurige *Unordnung*. All dies ist das Gegenteil der Frucht des Geistes, und all das betrübt den Geist.

Die Aussicht, sich mit solchen Themen beschäftigen zu müssen, macht Paulus Angst. Er würde von ihnen gedemütigt werden. Er würde sehr traurig über die fehlende Umkehr derer sein, die gesündigt haben (12,21). „Unreinheit, Unzucht und Ausschweifung" zeugen von einem traurigen Rückschritt. Sexuelle Sünden beginnen im Kopf – mit schmutzigen Gedanken. Unreine Gedanken führen zu sexueller Sünde. Wenn nicht im Zaum gehalten, führt sexuelle Sünde zunehmend zu unkontrollierten sexuellen Exzessen.

Die Tatsache, dass Paulus über seine Befürchtungen spricht, muss die gottesfürchtigen Gläubigen in Korinth veranlasst haben, ihr Haus vor seiner Ankunft in Ordnung zu bringen.

Die Notwendigkeit geistlicher Disziplin

Paulus bestätigt die Notwendigkeit geistlicher Disziplin, wenn er nach Korinth kommt (13,1-4). Als Apostel, aber auch als Evangelist und Pastor der Christen in Korinth, war es für Paulus ein Ding der Unmöglichkeit, diese Gemeinde zu besuchen, ohne zu versuchen, die Angelegenheiten dort in Ordnung zu bringen.

Von Gott gegebene Grundsätze mussten angewandt werden, wie dies immer der Fall ist. Einer steht in 5. Mose 19,15: „Durch zweier oder dreier Zeugen Mund soll jede Sache bestätigt werden" (vgl. 2.Kor 13,1). Wir müssen die Bedeutung des Alten Testaments für die Gläubigen des Neuen Testaments anerkennen. Paulus war entschlossen, nicht übereilt zu handeln, sondern die anstehenden Themen mit der angemessenen Vorsicht und Aufmerksamkeit anzugehen.

Der Apostel wiederholt eine Warnung, die er bei seinem zweiten Besuch in Korinth ausgesprochen hatte. Er würde diejenigen nicht verschonen, die zuvor gesündigt haben, und auch die nicht, die seither gesündigt haben (13,2). Sein erforderliches Handeln würde zeigen, dass er durch die Macht Christi sprach (13,3), etwas, was seine Kritiker zweifellos leugnen würden. Die Korinther mussten erkennen, dass sie es nicht nur mit dem Apostel zu tun hatten, sondern mit dem Herrn Jesus selbst, da Paulus ihn repräsentierte.

Einige haben vielleicht angedeutet, dass Paulus und seine Mitarbeiter labil waren oder schwach erschienen (13,3.4). Die Antwort des Paulus ist einfach und doch sehr tiefgründig. Das Beispiel unseres Herrn, der starb und in so offensichtlicher Schwäche am Kreuz hing, sollte uns darauf hinweisen, dass wir offensichtliche Schwäche nicht fehldeuten oder missverstehen sollten. Der Herr Jesus ist seinem Volk gegenüber niemals schwach, sondern stark. So sind auch diejenigen, die als seine Repräsentanten pastorale Fürsorge üben. Sie sind stark in ihm, zu tun, was immer notwendig ist. Sie haben die Kraft Christi bekommen, zu tun, was er ihnen aufträgt. Außerdem ist der Herr Jesus durch seinen Geist bei denen am Werk, um die sie sich kümmern!

Die Bedeutung der Selbstüberprüfung

Paulus macht den Korinthern klar, wie notwendig Selbstüberprüfung ist (13,5.6). Die Anschuldigungen und Unterstellungen haben Paulus und seine Mitarbeiter notwendigerweise dazu veranlasst, sich selbst, ihren Glauben und die Echtheit ihrer geistlichen Erfahrung zu überprüfen. Diese Selbstüberprüfung war aber auch bei den Korinthern notwendig, so wie bei uns allen. Paulus fordert keine ungesunde Innenschau. Diese Annahme ist eine Lüge, die Satan uns häufig glauben machen will, um uns von der notwendigen Übung abzubringen. So wie wir uns regelmäßig medizinisch untersuchen lassen, sollten wir auch unser Inneres von Zeit zu Zeit überprüfen.

Wir sollen uns selbst überprüfen, um zu sehen, ob wir noch „im Glauben" stehen (13,5), das heißt, wir sollen überprüfen, ob wir auch wirklich „wiedergeboren" sind. Die drei Tests aus dem ersten Johannesbrief – Glaube an den Herrn Jesus als den Christus (1.Joh 5,1), Gerechtigkeit des Lebens (1.Joh 2,29) und Liebe zu anderen Gläubigen (1.Joh 3,14) sind wichtige Hinweise darauf. Eine solche Überprüfung war auch wichtig für die „Überapostel". Bereitwillig räumt Paulus die Priorität einer solchen Selbstüberprüfung bei sich und seinen Mitarbeitern ein (13,6).

Selbstüberprüfung demütigt uns und erinnert uns an unsere absolute Abhängigkeit von dem rettenden Werk unseres Herrn Jesus. Die weiseste Selbstüberprüfung geschieht, indem wir uns im Licht dessen prüfen, was Gott in seinem Wort lehrt. Wir tun dies nicht nur, wenn uns die besondere Notwendigkeit eines solchen Handelns bewusst wird, sondern jedes Mal, wenn wir die Bibel lesen oder hören. Eine Selbstüberprüfung muss zum Handeln führen, ansonsten ist sie gefährlich. Wenn wir erkennen, dass wir falsch liegen und nichts dagegen unternehmen, dann wird das Falsche und unsere Verantwortung akzentuiert. Eine Selbstüberprüfung ist vor allem notwendig, wenn wir andere richten (Lk 6,41.42).

Ein Gebet und eine Sehnsucht

Paulus lässt die Korinther an seinem Gebet und seiner Sehnsucht teilhaben (13,7-10). Er betet darum, dass Gott die Korinther vor falschen Wegen bewahren möge. Sein Motiv ist nicht, die Aufmerksamkeit auf seinen erfolgreichen Dienst unter ihnen zu ziehen; er möchte Gott die Ehre geben. Außerdem liegt ihm das Wohlergehen der Korinther am Herzen. Paulus machte sich keine Gedanken um seinen eigenen Ruf. Ihm ging es um die Wahrheit (13,8).

„Die Wahrheit" ist ein Ausdruck für „das Evangelium", die gute Nachricht unseres Herrn Jesus. Dieser Ausdruck ist besonders passend, denn Jesus ist selbst die Wahrheit (Joh 14,6; vgl. 2.Joh 1). Die Wahrheit soll in uns Gläubigen wohnen, und wir sollen in der Wahrheit wandeln (2.Joh 2,4). In der Wahrheit zu wandeln, ist gleichbedeutend damit, den Anweisungen Gottes, und vor allem seinem Befehl, einander zu lieben (2.Joh 6), gehorsam zu sein.

Paulus und seine Mitarbeiter beten um geistliche Reife für die Korinther, was immer auch die Kosten für das Erreichen dieses Zieles sein mögen (13,9).

Paulus wünscht sich, dass er bei seinem Besuch den Korinthern nicht mit Strenge begegnen muss, sondern sie zusammenbringen kann. Er wollte die Korinther bei seinem dritten Besuch nicht zerstören, sondern erbauen (13,10), nicht entmutigen, sondern ermutigen. Sein Beispiel erinnert uns daran, dass Autorität niemals mit Strenge, sondern sanft und absichtsvoll ausgeübt werden sollte, zur Ermutigung der Kinder Gottes in ihrer Beziehung zu ihm.

Letzte Worte

Paulus beendet seinen Brief mit Ermahnungen, einem Gruß und einem Wunsch (13,11-14). In Vers 11 finden wir vier Ermahnungen. Erstens, „lasst euch zurechtbringen". Auch wir sollen entschlossen sein, in Christus zu wachsen und Christus ähnlicher zu werden. Zweitens, „lasst euch mahnen". „Mahnen" ist ein sanftes Wort. Paulus gebraucht nicht das Wort „zur Ordnung rufen" oder „befehlen" – was ihm als Apostel ohne weiteres zugestanden hätte. Doch er wollte allzu große Strenge vermeiden (13,10). Drittens, „habt einerlei Sinn". Wenn wir als Gläubige uns bemühen, einerlei Sinnes zu sein, wird Gott der Heilige Geist uns immer befähigen, den Sinn Christi in uns zu haben. Viertens, „haltet Frieden". Frieden zu halten, erfordert Anstrengung (Eph 4,3). Paulus versichert den Korinthern, dass Gottes Segen mit ihnen sein wird, wenn sie sich an diese vier Anweisungen halten (13,11). Wo Liebe und Frieden herrschen, ist Gott gegenwärtig. Nichts hindert uns mehr daran, Gottes Gegenwart zu erfahren, als das Fehlen von Liebe und Frieden unter uns.

Der folgende Gruß soll untereinander ausgetauscht werden. „Grüßt euch untereinander mit dem heiligen Kuss" (13,12). Dieser Kuss sollte ein Symbol für Liebe und Frieden sein. Es sollte ein *heiliger* Kuss sein. Ein Kuss gehörte in der Gesellschaft des ersten Jahrhunderts zur normalen Begrüßung dazu. Das Wort „heilig" erinnert uns daran, dass ein Kuss leicht auch missbraucht werden kann, vor allem, wenn Männer und Frauen einander küssen. Danach übermittelt Paulus den Korinthern die Grüße aller Gläubigen, mit denen er und seine Mitarbeiter im Herrn Jesus verbunden sind (13,13).

Ein Wunsch und ein Gebet

Die letzten Worte des Paulus sind nicht nur ein Wunsch, sondern ein Gebet. „Die Gnade unseres Herrn Jesus Christus und die Liebe Gottes und die Gemeinschaft des Heiligen Geistes sei mit euch allen" (13,14). Diese Worte, die häufig als Schluss- und Segensgebet unter Christen verwendet und manchmal gemeinsam gesprochen werden, gehören zu den schönsten und bedeutungsvollsten Gebeten des Neuen Testaments. Wir beten erstens um die Gnade der Vergebung, Gegenwart und Kraft unseres Erlösers. Wir beten zweitens um die Erkenntnis, Gewissheit, Erfahrung und Macht der Liebe Gottes, des Vaters. Drittens beten wir um die Gemeinschaft des Heiligen Geistes als unseren Berater, die Gemeinschaft seiner Fürbitte und die Gemeinschaft, in die er uns mit dem Vater und dem Sohn und untereinander bringen möchte. Dieses Gebet ist ein kostbarer Schatz, über den wir häufig nachdenken sollten.

Vertiefen und anwenden:

1. Fallen Ihnen Situationen ein, in denen Richtiges missverstanden wurde? Wenn Sie über diese Situationen nachdenken, hätten Sie sich anders verhalten sollen?
2. Inwiefern ist es richtig, den Menschen nicht zur Last fallen zu wollen?
3. Was können wir in Bezug auf unsere Verantwortung denen gegenüber lernen, die wir auf den Glauben an den Herrn Jesus Christus hinweisen dürfen (12,14–16)?
4. Es lässt sich nicht vermeiden, dass wir manchmal missverstanden oder falsch dargestellt werden. Wann sollten wir uns selbst verteidigen, wann nicht?
5. Wie können wir die Reinheit unserer Gedanken schützen, wenn sexuelle Sünde und unanständiges Verhalten aus unreinen Gedanken entstehen?
6. Was kann uns bei unserer Selbstüberprüfung helfen? Welche Fragen sollten wir uns stellen?
7. Der letzte Abschnitt dieses Buches konzentriert sich auf 2. Korinther 13,14. Denken Sie über den Segen nach, den wir erbitten, wenn wir diese Worte aussprechen.

Notizen:

Leitfaden für das Gruppenstudium

Dieser Leitfaden wurde für die Arbeit innerhalb einer Gruppe erstellt.

Die Art und Weise, wie die Gruppenarbeit durchgeführt wird, kann ihren Wert erheblich erhöhen. Ein gut geleitetes Gruppenstudium mag den Eindruck erwecken, als wäre es eine leichte Aufgabe gewesen zu leiten, aber dies liegt gewöhnlich daran, dass der Leiter sich fleißig vorbereitet und alles gut durchdacht hat. Klare Ziele sind wesentlich.

Einteilung für das Gruppenstudium

Woche	Bibelabschnitt	Kapitel im Buch
1.	2. Korinther 1,1–11	1 und 2
2.	2. Korinther 1,12–2,4	3
3.	2. Korinther 2,5–3,6	4 und 5
4.	2. Korinther 3,7–18	6
5.	2. Korinther 4,1–5,10	7 und 8
6.	2. Korinther 5,11–6,13	9 und 10
7.	2. Korinther 6,14–7,16	11 und 12
8.	2. Korinther 8,1–15	13
9.	2. Korinther 8,16–9,15	14 und 15
10.	2. Korinther 10,1–18	16
11.	2. Korinther 11,1–15	17
12.	2. Korinther 11,16–12,13	18 und 19
13.	2. Korinther 12,14–13,14	20

Ziele

Für das Bibelstudium, ob in der Gruppe oder allein, haben wir mehrere Ziele:

1. Wir wollen die ursprüngliche Bedeutung eines bestimmten Bibelabschnitts verstehen.

2. Wir wollen ihn auf uns und unsere persönliche Situation anwenden.

3. Wir wollen uns konkrete Schritte überlegen, die biblische Lehre in die Praxis umsetzen.

In 2. Timotheus 3,16.17 wird uns ein hilfreicher „Aufbau" für das Bibelstudium an die Hand gegeben. Paulus schreibt, dass die Schrift nützlich ist zur

(1) Lehre
(2) Zurechtweisung
(3) Besserung
(4) Erziehung in der Gerechtigkeit.

Daraus ergibt sich, dass wir bei der Beschäftigung mit der Bibel immer folgende Fragen im Sinn haben:
- *Was lehrt uns dieser Abschnitt – über Gott, uns selbst, etc.?*
- *Weist er uns auf irgendeine Weise zurecht?*
- *Wie kann dessen Lehre uns verändern?*
- *Welche Zurüstung finden wir in ihm für den Dienst für Christus?*

Tatsächlich würden allein schon diese vier Fragen einen sicheren Leitfaden für jedes Bibelstudium abgeben.

Prinzipien

Wir treffen uns zum Bibelstudium in einer Gruppe, um gemeinsam „mit allen Heiligen" (Eph 3,18) etwas über Gottes Wort und seine Wege zu lernen. Aber sowohl unsere eigene Erfahrung als auch die Bibel selbst lehren uns, dass die Heiligen nicht in jeder Situation immer das sind, wozu sie berufen sind – auch nicht im Bibelstudium! Die Leiter müssen Zeit investieren und sich gut vorbereiten, wenn die Gruppe vom Bibelstudium geistlich profitieren soll. Die folgenden Leitlinien können helfen, dass dies gelingt.

Vorbereitung:

1. Lesen Sie den Text zunächst selbst und versuchen Sie, ihn zu verstehen. Je besser Sie vorbereitet sind und je sicherer Sie sich sind, in welche Richtung das Studium geht, umso wahrscheinlicher ist es, dass die Gruppe vom Studium profitiert und Freude daran hat.

Fragen Sie sich: Was sind die Hauptpunkte des Abschnittes? Wie können diese verdeutlicht werden? Das ist nicht gleichbedeutend mit der Frage, die oft gestellt wird: Was „sagt dir" dieser Text? Mit letzterer Frage wird eine persönliche Reaktion erwartet und nicht eine Auslegung des Abschnitts. Machen Sie sich diesen Unterschied selbst deutlich, und versuchen Sie, auch der Gruppe diesen Unterschied verständlich zu machen.

2. Versuchen Sie sich anhand Ihres eigenen Studiums vor dem Gruppentreffen eine klare Vorstellung von dem zu machen, was (1.) das Hauptthema oder die -themen des Abschnitts sind, die zur Diskussion gestellt werden sollten, und formulieren Sie (2.) einige allgemeine Schlussfolgerungen, zu der die Gruppe aufgrund ihres Studiums gelangen sollte. Hier können uns die Fragen von 2. Timotheus 3,16 eine Hilfe sein.

3. Der Zielgedanke und die Fragen, die Sie im Folgenden finden, möchten helfen, einen allgemeinen Rahmen für das Bibelgespräch zu bieten. Leiter sollten sie als Starthilfen verstehen, die weiterentwickelt werden sollen. Es ist immer hilfreich, ein klares Ziel oder Thema für ein Gruppenstudium im Sinn zu haben. Für jedes Gruppenstudium wird ein solches vorgeschlagen. Aber viel wichtiger, als dem Text ein einzelnes Thema zuzuordnen, ist es, dessen Lehre und die sich daraus ergebenden Folgen zu verstehen.

Eine Gruppe leiten:

1. Kündigen Sie den Abschnitt und das Thema des Bibelstudiums an, und beginnen Sie mit einem Gebet. In einem Bibelgesprächskreis kann es hilfreich sein, bei jedem Treffen eine andere Person zum Gebet zu ermutigen.

2. Führen Sie den Text und das Thema ein, indem Sie die Teilnehmer kurz an die wichtigsten Punkte erinnern und den Inhalt jedes untergeordneten Abschnitts hervorheben.

3. Führen Sie die Gruppe durch die zu diskutierenden Fragen. Benutzen Sie eigene Fragen, wenn Ihnen das passend erscheint (die vorgegebenen Fragen können benutzt und mit eigenen Aspekten angereichert werden). Während des Austausches ist es wichtig, die Teilnehmer wiederholt daran zu erinnern, zuallererst die Bedeutung des Abschnittes – die Lehre – und erst danach deren Anwendung – ihre Bedeutung für uns – zu diskutieren. Dabei kann es hilfreich sein, die wichtigsten Punkte und Anwendungen auf eine Tafel zu schreiben, sowohl als Zusammenfassung als auch als visuelle Hilfe.

4. Am Ende eines jeden Treffens erinnern Sie die Teilnehmer der Gruppe an die Aufgaben für das nächste Treffen und ermutigen Sie sie, sich vorzubereiten. Seien Sie als Leiter bereit, Einzelnen oder auch Ehepaaren oder Gruppen bestimmte Aufgaben zu übertragen, damit auch sie einen Beitrag leisten können: „Hans, würdest du versuchen, für das nächste Treffen etwas über die Pretorianische Wache herauszufinden?"; „Elisabeth, schaust du mal nach, was du über die verschiedenen Interpretationen von Philipper 2,5–11 herausfinden kannst?"

5. Vergessen Sie nicht, dass Sie der Gruppenleiter sind. Ermutigen Sie zu deutlichen Beiträgen, und scheuen Sie sich nicht, jemanden zu bitten, näher zu erläutern, was er gesagt hat, oder helfen Sie ihm dabei: „Meinst du vielleicht [...]?"

In den meisten Gruppen gibt es die „Vielredner", die „stillen Mäuschen" und die, die regelmäßig vom Thema ablenken. Ein Leiter muss die Ersteren kontrollieren, die Zweiten ermutigen und die Dritten wieder zum Thema zurückbringen. Jeder Leiter wird seine ihm eigene Art entwickeln müssen, aber es wird hilfreich sein, schon im Voraus darüber nachzudenken!

Den ersten beiden Gruppen kann man mit geschickten richtungsweisenden Fragen an bestimmte Personen oder auch Gruppen helfen (zum Beispiel: „Wie können Menschen, die zu Hause arbeiten, dies anwenden?"; „Ruth, du kennst das aus deiner persönlichen Erfahrung [...]"). Und der dritten Gruppe wird geholfen, indem die Diskussion wieder auf den Abschnitt selbst gelenkt wird („Das ist ein interessanter Punkt, aber ist es nicht so, dass sich dieser Abschnitt auf [...] konzentriert?").

Manchmal kann es auch nützlich sein, die Gruppe in kleinere Gruppen aufzuteilen und dann der jeweiligen Gruppe bestimmte Diskussionspunkte zu geben, deren Antworten dann später in der großen Gruppe zusammengebracht werden. Eine gute Aufteilung dieser kleinen Gruppen kann auch helfen, dass sich jeder Teilnehmer beteiligt.

Wichtiger als jede Technik, die wir entwickeln können, ist die Hilfe des Heiligen Geistes für das Verständnis und die Anwendung der Bibel. Haben Sie selbst einen demütigen und betenden Geist, und ermutigen Sie auch die anderen dazu.

6. Halten Sie sich an Ihren Plan; es ist besser, wenn einige aus der Gruppe wünschten, die Diskussion wäre noch fortgesetzt worden, als wenn andere durch Überziehen der Zeit in Schwierigkeiten kommen.

7. Schließen Sie mit einem Gebet ab. Wenn es die Zeit erlaubt, kann dies eine Gebetsgemeinschaft sein, in welcher die Gruppe ermutigt wird, das Gelernte mit Loben, Danken, Flehen und Bitten anzuwenden.

Sinclair B. Ferguson
Lebens-Werte
Fundamente des Glaubens
Paperback
240 S., **€ 11,20**

Als Lehrer für Systematische Theologie und später als Pastor fiel Sinclair B. Ferguson auf, dass in unseren Gemeinden viele bekennende Christen ein alarmierend schwaches Verständnis von den Grundwahrheiten biblischer Lehre haben. Es wird vorausgesetzt, dass die Grundelemente der Botschaft des Neuen Testamentes bekannt sind, doch manchmal reicht die Kenntnis nicht über das Verständnis eines „Kindes" hinaus.

Der Autor erkannte, dass sich die Verhältnisse bei uns heute nicht sehr von der Zeit des Apostels Paulus unterscheiden. Paulus sprach immer wieder das an, was die ersten Christen wissen sollten, jedoch vergessen oder niemals gelernt hatten. Nach Überzeugung von Sinclair B. Ferguson ist die christliche Lehre einer der wichtigsten Wachstumsfaktoren im Leben des Christen.

„Wisst ihr nicht ...?" war die wiederholte Frage des Paulus an die Römer und Korinther – und ist die entscheidende Frage an uns!

Bestellanschrift:

3L Verlag GmbH
Pfingstweide 38

D-61169 Friedberg

Telefon   0 60 31-69 22 38
Telefax   0 60 31-69 22 37
E-Mail: verlag.3L@t-online.de
www.3LVerlag.de